차이나
키노트
2022

차이나 키노트 2022

초판 1쇄 발행 2022년 4월 15일

지은이 김종욱(韓, 金鍾郁), 전우(中, 全優), 웅소(中, 熊瀟), 오성탁(韓, 吳星卓),
종서문(中, 鍾舒雯), 종우원(中, 鍾宇烜), 김희식(韓, 金熙植)
펴낸이 장길수
펴낸곳 지식과감성#
출판등록 제2012-000081호

교정 백승은
디자인 이은지
편집 이은지, 김찬휘
검수 오현석, 이현
마케팅 고은빛, 정연우

주소 서울시 금천구 빛꽃로298 대륭포스트타워6차 1212호
전화 070-4651-3730~4
팩스 070-4325-7006
이메일 ksbookup@naver.com
홈페이지 www.knsbookup.com

ISBN 979-11-392-0404-9(13320)
값 13,000원

- 이 책의 판권은 지은이에게 있습니다.
- 이 책 내용의 전부 또는 일부를 재사용하려면 반드시 지은이의 서면 동의를 받아야 합니다.
- 잘못된 책은 구입하신 곳에서 바꾸어 드립니다.

지식과감성#
홈페이지 바로가기

China Keynote 2022

차이나 키노트 2022

김종욱(韓, 金鍾郁), 전우(中, 全優), 웅소(中, 熊瀟), 오성탁(中, 吳星卓),
종서문(中, 鐘舒雯), 종우훤(中, 鍾宇煊), 김희식(韓, 金熙植) 공저

들어가면서

2022년, 현재 진행형인 코로나19로 인해 우리의 일상에 큰 변화를 가져왔다. 마스크 착용이 일상화가 되었고, 공공장소 출입 시 큐알 코드를 제시해야 하는 불편함은 어느새 당연시되었다. 특히 4차 산업 혁명의 시대와 함께 찾아온 코로나19로 새로운 트렌드가 자리 잡고 있고 뉴노멀(New Normal)이 형성되어 가고 있다.

나라마다 지구촌이라는 큰 테두리 안에서 생존을 위한 치열한 경쟁의 글로벌화가 진행 중이다.
중국 역시 2022년 현재, 변화의 다양성과 함께 변화의 속도 또한 급변하고 있다.

2021년은 1921년 중국 공산당이 창립된 지 100주년을 맞이하는 역사적인 해로 100년의 여정을 축하하는 다채롭고 성대한 행사가 개최되었다.

코로나19의 영향으로 많은 변화가 있었지만 전면적인 샤오캉 사회의 건설을 완성하여 공동 부유를 향한 새로운 부흥의 발판을 마련했다.

중국은 쌍탄(탄소 배출 피크와 탄소 중립) 정책을 통해 산업의 구조 조정 및 에너지 구조의 최적화, 에너지 절약 효율화 등 일련의 조치들을 시행하고 있다.

출산율 저하 및 인구 고령화에 따른 세 자녀 정책을 시행했고, 우주 굴기의 역사를 새롭게 써 내려간 한 해였다.

빅테크 기업에 대한 규제, 유명 인플루언서들의 탈세에 대한 벌금 부과, 헝다 사태로 인한 부동산 리스크 등 크고 작은 사건과 이슈들이 있었다.

또한 2022년 2월에는 동계 올림픽 게임이 베이징에서 개최되어 갖가지 첨단 기술을 선보였으며, 중국 디지털 위안화 화폐의 사용을 시험한 무대이기도 했다.

이 책은 2021년 4월부터 2022년 3월까지 중국의 주요 언론 매체, 연구기관과 조사기관 등에서 발표한 자료들을 한데 모아 키워드별로 정리했으며, 한중교(韩中桥) 위챗 공식 계정을 통해서 발표된 자료들을 묶어 한 권의 책으로 편집했다.

한국과는 경제적, 사회적, 문화적 불가분의 관계에 있는 중국, 관심이 많은 만큼 중국에 관한 많은 자료와 정보들이 쏟아져 나오고 있다. 여기저기 중구난방 널려 있는 각종 자료와 정보들을 한데 모아 일목요연하게 정리하여 일반 대중들도 오늘의 중국을 쉽게 이해할 수 있게 최선을 다했다.

자료를 분석하여 미래를 예측하고 전망하기보다는 일 년 동안 중국에서 발표된 중요 이슈 및 자료들을 가감 없이 번역하여 일목요연하게 정리하는 데 중점을 두었다.

집필 과정에 참여한 연구원들은 한국 및 중국에서 각 분야별 석·박사 이상의 학력을 가진 한중 전문가들로 이루어져 있으며 전공별로 분야를 특화해 집필에 참여했다.

사회 문화 및 경제 영역의 2개 카테고리로 나누고 각 카테고리별로 100개의 키워드를 설정하여 쉽게 이해할 수 있도록 간략하게 정리하였다.

중국의 이해가 필요한 누구나 이 책을 통하여 2022년 중국의 현재를 이해할 수 있는 데 초점을 두었다.

2022년은 한중 수교 30주년이 되는 해로 한중 관계의 새로운 발전을 기대해 볼 수 있는 한 해이다.

이 책을 통하여 중국의 2021년을 정리하고 2022년의 여정을 전망할 수 있는 기회가 되었으면 한다.

자료 및 정보 수집 기간은 2021년 4월부터 2022년 3월까지로 한정을 하였다. 그 첫 번째 이유는 매년 초 중국의 언론 매체 및 연구 기관에서 전년도의 각종 데이터를 수집해서 발표하기 때문이고 두 번째는 중국에서는 매년 3월에 가장 큰 정치적 행사인 양회가 열리기 때문이다. 이 양회를 통하여 당해 연도 각종 계획들이 발표되어 당해 연도를 예측할 수 있는 지표가 되기에 자료 및 정보 수집 기간을 한정하였다.

번역 및 정리 과정에서의 오류가 발생할 수 있는 부분, 보충 수정할 부분 등 전반적인 내용에서는 앞으로 많은 지도 편달이 있기를 바란다.

중국어 인용은 중국 대륙에서 통용되는 간자체(简体)로 통일하였다.

목차

들어가면서 -- 4

PART 1. 경제: 100대 키워드 • 11

Chapter 1. 중국의 소비 경제 트렌드: 10대 키워드 ----------------- 12
Chapter 2. 중국 기업 및 산업 분야: 10대 키워드 ------------------ 62
Chapter 3. 중국 경제 지표: 10대 키워드 --------------------------- 74
Chapter 4. 중국 GDP 상위 도시: 10대 키워드 ---------------------- 77
Chapter 5. 국민 1인당 가처분 소득 및 소비: 10대 키워드 --------- 81
Chapter 6. 중국 대외 수출입 무역: 10대 키워드 ------------------- 85
Chapter 7. 중국 디지털 마케팅: 10대 키워드 ---------------------- 88
Chapter 8. 중국의 디지털 플랫폼 기업: 10대 키워드 -------------- 92
Chapter 9. 중국의 유니콘(Unicorn) 기업: 10대 키워드 ------------ 94
Chapter 10. 2022년 중국 경제 전망: 10대 키워드 ----------------- 97

PART 2. 사회, 문화: 100대 키워드 • 99

Chapter 1. 중국 사회적 이슈: 10대 키워드 ---------------------- 100
Chapter 2. 중국 인구 통계: 10대 키워드 ------------------------ 113
Chapter 3. 중국 100대 도시: 10대 키워드 ----------------------- 115
Chapter 4. 중국 부동산 시장: 10대 키워드 ---------------------- 118
Chapter 5. 중국 문화 산업: 10대 키워드 ------------------------ 120

Chapter 6. 중국 여행 관광 산업: 10대 키워드 ······················· 127

Chapter 7. 중국 명문 대학: 10대 키워드 ······························ 131

Chapter 8. 중국 미식 도시: 10대 키워드 ······························ 140

Chapter 9. 중국 행복 지수 최고 도시: 10대 키워드 ················ 142

Chapter 10. 2022년 중국 양회: 10대 키워드 ························· 144

PART 3. 기타 • 147

Chapter 1. 중국의 쇼트 비디오 클립
　　　　　'도우인(抖音)' & '콰이쇼우(快手)' ······················· 148

Chapter 2. 중국 왕훙 경제(网红经济) ································· 153

Chapter 3. 중국 국가급 3대 경제 특구 ································ 160

Chapter 4. 중국 전기차 산업 현황 ····································· 167

Chapter 5. 인생 역전을 위한 3대 중요 시험 ························ 171

참고 자료 ·· 178

PART 1.
경제: 100대 키워드

Chapter 1.

중국의 소비 경제 트렌드: 10대 키워드

중국의 소비 시장은 코로나19의 영향에도 불구하고 지속적인 확대와 성장을 거듭하고 있다.

징동 소비 및 산업 발전 연구원(京东消费及产业发展研究院)이 발표한 '2021년도 소비 트렌드 점검 보고서'에 따르면 스마트류, 트렌드류, 건강류 등의 제품을 포함한 개별화된 소비 제품의 거래액은 전년 동기 대비 큰 폭으로 증가했다고 한다.

소비자가 상품을 구매하는 것은 더 이상 생활의 기본 욕구를 충족시키는 것이 아니라 상품의 개별화된 특징을 중시하고, 상품 자체의 부가가치에 관심을 가지며, 소비 행위 자체의 문화적 함의를 더 의식하며, 개별화된 소비를 통해 자신의 품위를 구현하는 것으로 소비 행태의 의식 구조가 점차 변화해 가고 있다.

코로나 시대 중국 소비 트렌드의 주요 특징은 온라인을 이용한 소비 시장이 대세를 이루고 있다는 점이다. 온라인 소비 형태는 상품의 구매뿐만 아니라 원격 의료, 원격 교육 서비스, 원격 홈 트레이닝 등 다양한 형태로 나타나고 있다. 싱글 이코노미의 도래로 1인 소비가 증가하고 있으며, 1960년 이후 출생한 실버 세대들이 소비의 중심 세력 중 하나로 등장하고 있다는 점도 주목할 만하다. 특히 95년 이후 출생 세대인 'Z 세대(后浪)'들이 소비의 새로운 주역으로 등장을 하면서 맞춤형 소비가 주류가 되어 가고 있다. 조사 결과 젊은 층의 59.6%가 '필요한 것만 구매'하는 이성적인 흐름을 보이고 있으며 더 높은 기준과 더 높은 소비 욕구를 가지고 있다.

현재 중국에서 여러 매체 및 기관에서 소개되거나 보고되어진 소비 경제 트렌드를 10가지 키워드로 정리하면 아래와 같다.

실버 경제(Silver Economy)

1. 개요

'실버 경제(Silver Economy)'는 노년 산업, 노령 산업으로 부르기도 한다. 실버 경제는 사회의 고령화에 따라 확대되는 노인 소비를 위해 새롭게 생긴 전문 산업이다. 실버 경제는 크게 일용품 경제, 건강기능식품 경제, 서비스 경제 등으로 나뉜다.

실버 경제라고 하면 말 그대로 노인들을 위한 다차원적이고 다양한 제품과 서비스를 제공하는 경제다. 이것은 전통적인 '의·식·주' 같은 실물 소비, 건강 관리, 의료 보건, 간호 재활, 가사 서비스, 노후 금융과 같은 서비스뿐만 아니라 문화, 예술, 스포츠, 레저, 오락과 같은 이상적인 생활에 관한 새로운 소비, 그리고 과학 기술이 가진 스마트 제품과 서비스 등을 포함하여 국민 경제의 많은 영역을 포괄한다고 할 수 있으며, 내용이 매우 풍부하고 산업 사슬도 매우 길다.

실버 경제는 중국어로 인파징지(银发经济) 혹은 인서징지(银色经济)라고 한다.

2. 배경

중국 사회의 고령화에 따라 이른바 '실버 경제'로 불리는 노인산업이 활기를 띠고 있다. 억대의 소비층을 확보하고 있어 실버산업도 새로운 '신성장 유망 산업'으로 대두되고 있다.

1) 노인 인구(실버족)의 증가

중국 국가 통계국에서 발표한 중국 제7차 전국 인구 조사 결과에 따르면 2021년 중국의 60세 이상 인구는 26,401.9만 명으로 전체 인구의 18.70%를 차지해, 비중이 5.44% 포인트 늘었고, 이 가운데 65세 이상의 인구는 19,063.5만 명으로 노인 인구의 13.50%를 차지해, 비중이 4.63% 포인트 증가했다. 중국도 이미 고령화 사회로의 진입을 코앞에 두고 있다고 할 수 있다.

2) 노인 인구(실버족)의 높은 소비 수준

노인 인구가 빠르게 늘고 노인 소비도 급증하면서 노인 시장이 매우 넓게 변하고 있다. 소비 수준 절대치로 보면 고령층의 소비 수준이 소아와 노동 인구를 합친 중국의 1인당 평균 소비 수준보다 높았다.

노인 소비 규모 측정 결과에 따르면 2020년 노인 인구의 총 소비는 7.01만억 위안에 달았고, 2050년 노인 인구의 총 소비는 61.26만억 위안에 이를 것으로 전망됐다.

3) 노인 인구(실버족)의 소비 방식 및 시장의 변화

노년층에게 인터넷이 침투하면서 새로운 소비 방식을 시도하는 고령층이 늘고 있다. '실버 경제 굴기 - 2021년 고령 사용자 온라인 소비 보고서'에 따르면 2021년 1~3분기 노인 전용 상품 수는 전년 동기 대비 33% 증가하고, 판매량은 73% 증가한 것으로 시장 수요가 높은 것으로 나타났다.

3. 현황

1) '노인 인구(실버족)'의 소비 현황

중국 정보망 자료(中国情报网)에 따르면 2021년 1~3분기 56세 이상 연령층에서 구강 치과 서비스의 인터넷 구매 거래액이 전년 동기 대비 8배 이상 넘었고, 건강 검진, 온라인 클리닉의 구매 거래액이 전년 동기 대비 각각 210%, 71% 증가했다. 또 건강 서비스 품목은 전년 동기 대비 10배 이상 증가했고, 의약, 영양 건강기능식품 품목은 2배 이상 늘었다.

1950~1960년대에 출생한 세대가 중국의 노년 세대의 중심으로 부상하면서 활기차고 건강한 '신(新) 노인' 세대가 등장하기 시작했다. 이들은 경제적, 사회적으로 안정된 세대층으로 개인 삶의 질 향상을 위해 여행, 문화, 레저, 자기 개발 교육 등 웰빙 라이프에 많은 관심을 가지고 있다. 자료에 따르면 2021년 1~3분기 고령층의 여행 바캉스 거래액이 전년 동기 대비 10배 이상 넘었고, 로컬 엔테테인먼트와 원예 생활의 거래액이 3배 이상 늘었고, 화훼녹식(花卉绿植)과 소장품의 거래액이 전년 동기 대비 50% 이상 증가한 것으로 나타났다. 그러나 전

체 시장에선 노인 의료, 노인 홈스테이, 노인 문화 오락 등 영역의 상품 개발이 상대적으로 미흡했다.

2) 관련 산업의 부상

- 양로 기관 수 증가

2020년 중국 전국에 등록된 양로 기관은 3.8만 개로 전년보다 0.4만 개가 증가했다. 2021년 2분기 중국 전국에 등록된 양로 기관은 39,085개로 전년 동기 대비 11.3% 증가했다. 고령화와 함께 실질 노인의 수가 늘고, 양로 기관의 수요가 증가하면서 양로 기관의 수가 더욱 늘어난 것이다.

- 건강기능식품 시장 규모 확대

2016년 1,536억 위안 규모였던 중국 건강기능식품 업계 시장 규모는 2020년 2,365억 위안으로 성장했으며 2022년 건강기능식품 업계 규모는 2,683억 위안에 이를 것으로 예상된다. 경제 수준과 건강 의식이 향상되고 고령 인구가 증가함에 따라 건강기능식품은 날로 사람들의 건강한 생활에 필수품이 되어 가고 있으며, 중국의 건강기능식품 시장 규모는 빠르게 확대되고 있다.

- 노인용품 시장 규모 100조 원대

노인용품업은 노인을 대상으로 하는 노인 의류, 일용 보조제품, 양로 보호제품, 재활 훈련 및 건강 증진 보조기구, 노화성 환경 개선 등의 제품을 제공하는 산업이다. 현재 중국의 노인 건강용품 시장은 아직 초보 단계에 있다. 아직 중국은 노인용품을 생산하는 기업의 수가 많지 않고 규모가 비교적 작으며 산업 사슬의 발전이 비교적으로 완전하지 않다. 전체적으로 노인용품에 대한 인식이 아직은 높지 않고 대부분의 노인층 건강 소비 구조 역시 비교적 단일하다고 할 수 있다. 아직 중국의 노인용품에 대한 발전 가능성이 많이 남아 있는 편이다.

중국 국가사회과학기금 '노후 소비와 노후 산업 발전 연구' 태스크포스에 따르면 2050년 중국 노인용품 시장 규모는 100조 원으로 중국 국내 총생산의 33%를 차지할 것으로 추산됐다. 앞으로 중국 인구의 고령화 정도가 심화되고 노인용품이 보편화됨에 따라 노인용품 소비 구조가 다원화될 것이며 나아가 노인용품 산업의 발전을 촉진할 것이다.

- 전자 상거래의 새로운 고객으로 부상

'중국 고령 산업 발전 보고서(中国老龄产业发展报告)'에 따르면 2020년 중국 모바일 인터넷 사용자 중 50세 이상의 인구가 1억 명을 넘어, 성장 속도는 다른 연령대보다 훨씬 높아, 월 평균 인터넷 접속 시간은 136시간을 기록하고 있다. 또한 코로나19의 영향으로 실버족의 인터넷 구매 빈도가 계속 높아지고, 인터넷 구매 습관이 점차 형성되고, 소비량이 빠르게 증가하고 있다. 또 2021년 4월 국가 공신부가 '인터넷 사이트 노후화 대비 공통 디자인 규범'을 발표하면서, 노인 세대들의 인터넷 활용이 필수가 되어 가고 있다. 전자 상거래가 고령 소비 시장의 새로운 발전 기회라는 것을 알 수 있다.

고령 사용자의 편리함에 맞추기 위해 징동, 타오바오에서는 이미 '노인층 모델'을 속속 출시하여 정보 간소화, 결제 프로세스 간소화, 폰트 확대, 온라인 음성 보조 기능 등 고령 사용자들이 더 쉽게 상품 정보를 얻고 온라인 쇼핑을 진행할 수 있도록 하고 있다. 실버족을 위한 전자 상거래 시장은 더욱 확대되고 발전될 전망이다.

- 실버 경제 관련 기업 등록 급증

 인구 노령화가 심화되면서 실버산업에 대한 수요가 커지고 있고, 실버산업 시장의 규모 역시 성장하고 있다. 또한 거대 자본이 들어와 실버산업에 투자하고 시장을 선점하고 있다. 기업조사 데이터에 따르면 최근 몇 년간 실버 경제 관련 기업 등록량은 매년 증가하여 2016년 2.36만 개, 2019년 4만 개를 돌파하고, 2020년 5만 개를 돌파하여 전년 동기 대비 22% 증가했으며 2021년 9월까지 3.92만 개의 노후 관련 기업이 새로 생겨 전년 동기 대비 16% 증가했다. 앞으로 노후 관련 기업 등록은 계속 늘어날 전망이다.

* 참고 자료
중상산업연구원(中商产业研究院),
https://me.mbd.baidu.com/r/zE5HWilRE4?f=cp&u=42e52ce3df5e43a9

[참고]
65세 이상 인구가 총인구를 차지하는 비율이 7% 이상을 고령화 사회(Aging Society), 65세 이상 인구가 총인구를 차지하는 비율이 14% 이상을 고령 사회(Aged Society)라고 하고, 65세 이상 인구가 총인구를 차지하는 비율이 20% 이상을 후기 고령 사회(Post-aged Society) 혹은 초고령 사회라고 한다.

싱글 경제(Single Economy)

1. 개요

싱글 경제(单身经济, 혼자만의 경제)는 싱글족이 삶의 질을 중시하고 높은 소비 생활을 숭상하는 데서 오는 비즈니스 기회를 말한다. 싱글 아파트·싱글 패키지가 인기를 끄는 것을 넘어 싱글을 겨냥한 '혼자만의 경제'가 속속 등장하고 있다.

중국어로는 '단선징지(单身经济)'라고 부른다.

2. 배경

중국망(中國網)에서 2021년 중국 통계 연감의 발표 자료를 인용한 자료에 따르면 중국 전체 4억 9,416만 가구 중 1인 가구의 수는 1억 2,500만 가구로 25% 이상을 차지하는데, "국제적으로도 낮은 편은 아니다"고 한다. 구조적인 측면에서 중국의 현재 1인 가구는 크게 두 부분으로 구성되어 있다. 하나는 노인 1인 가구, 다른 하나는 청년 1인 가구이다.

제7차 인구조사에 따르면 중국의 노인 인구는 2억 6,400만 명이다. 2015년 관련 조사에 따르면 노인 인구 중 노인 부부 가구와 독거노인 비율이 50%를 넘어선 것으로 나타났다. 최근에는 독거노인의 상황이 더욱 증가하고 있으며, 청년층의 1인 가구 현상도 더욱 증가하고 있는 추세에 있는 것으로 나타났다.

평균 수명의 증가, 세대 간 가치관의 분화, 물질 지상주의 보편화 등으로 인해 중국 1인 가구의 규모와 비율이 계속 확대되고 있는 것은 사회 발전의 불가피한 추세로 지적되고 있다. 그러나 그 비율과 상승 속도 때문에 사회 전체가 그것을 심각하게 여겨야 하는 상황에 직면해 있다고 매체는 덧붙였다.

고령자 1인 가구의 경우 지속적인 고령화와 의료 기술의 발달로 고령 인구의 수와 비율도 더욱 증가하고 있다. 전반적으로 여성의 평균 기대 수명은 남성보다 높으며, 노부부 중 한 명이 먼저 사망하면 노인이 남겨져 독신 가구가 된다. 동시에 가족관의 변화와 세대 간 가치관의 차이로 인해 노인과 동거하는 자녀의 비율이 점점 낮아지고 있다. 이러한 요인으로 인해 노인 중 1인 가구의 수와 비율이 더욱 증가 추세에 있는 것으로 분석되었다.

이 같은 싱글족은 베이징·상하이에서 이미 100만 명을 돌파했으며, 광둥성, 베이징, 상하이, 우한 등 1선 도시에서 싱글족이 집중화되고 있는 것으로 나타났다.

3. 현황

iiMedia Research(艾媒咨询)는 '2021 중국 싱글족 소비 행태 조사 및 싱글 경제 동향 분석 보고서'에서 중국의 싱글 경제 발전 동력, 싱글족 생활 소비 조사, 싱글 경제 발전 전망 및 트렌드 등을 분석 발표했다.

1) 싱글족 증가(중국 싱글족 9,200만 명 돌파)

중국 민정부(民政部) 통계에 따르면 2018년 중국의 싱글 성인 인구가 2억 4,000만 명으로 이 중 7,700만 명 이상이 혼자서 살고 있는 '나 홀로족'인 1인 가구인 것으로 나타났으며, 2021년에는 이 수치가 9,200만 명 이상으로 늘어났을 것으로 보고 있다.

사람들의 생활 환경과 결혼에 대한 관념이 바뀌면서 싱글족은 계속 증가하고 있는데 중국 싱글족의 주요 특징은 독신 기간이 길다는 것이다. 이에 따라 혼자서 거주하는 시간도 길어질 수 있다는 것이다. iiMedia Research(艾媒咨询)에 따르면 2021년 제2분기, 싱글이 3년 이상이라는 사람이 전체 싱글족 중 43.60%를 차지했으며, 7.1%의 사람이 연애 경험이 없는 것으로 나타났다.

싱글 원인에 대한 조사 결과를 보면, 적극적으로 싱글 라이프를 즐기거나 연애를 서두르지 않는 것이 45.9%로 가장 많았고, 다음으로 교제권이 좁거나 바쁜 일과 같은 수동적으로 싱글이 된 원인이 각각 43.6%, 39.3%로 나타났다.

싱글족 증가의 원인은 주로 사회 및 업무상 점점 더 커지는 스트레스로 이성과 관계를 맺는 것이 어떤 측면에서는 오히려 양측의 스트레스를 가중시킬 수 있기 때문이다.

연구 보고서는 연애와 결혼에 대한 인식이 바뀌면서 싱글족이 지속해서 증가할 것으로 내다봤다. 이는 싱글 경제의 발전에 근본적인 원동력을 가져왔고, 싱글 경제의 규모를 지속해서 성장시키고 있다.

2) 싱글족 vs 비싱글족, 소비 구조 차이

싱글족과 비싱글족은 일상적인 소비 구조에서 차이가 있다. 비싱글족은 자신의 반려자나 가정을 돌봐야 하므로 생활용품과 음식 등 필수 분야에서 소비 총액이 두드러진 반면에 싱글족은 상대적으로 각 분야에서 고른 소비 패턴을 유지하고 있으며, 비필수품이나 오락 등에서는 비싱글족보다 더 많이 소비하는 것으로 나타났다.

분야별로 살펴보면, 음식 소비의 측면에는 비싱글족보다 싱글족은 홀로 배달을 시키거나 홀로 간편식 먹기를 선호하는 것으로 나타났다. 연구 보고서에 따르면 싱글족의 68.1%는 혼자 먹는 것이 흔한 일이라고 답했고, 이 중 32.9%는 평일 이외의 시간에도 혼자 먹는다고 답했다. 1인식의 경우 배달 음식을 선택한 싱글족이 45.7%로 가장 많았고, 간편식의 경우가 42.7%로 뒤를 이었다.

화장품 분야를 보면, 성별로 화장품 소비 습관에 차이가 있는데 남녀 싱글족 모두에게 목욕 용품, 헤어 케어 용품, 구강 관리 제품은 1~3위를 차지한 주요 소비 분야이다. 여성 싱글족은 화장품의 종류별 선택이 더 다양한 반면 남성 싱글족은 여성 싱글족보다 화장품에 대한 소비는 현저히 낮은 것으로 나타났다.

주택 구매에 관한 연구 보고서에 따르면 이미 집을 샀거나 살 계획이 있는 싱글족의 수는 나이가 들수록 증가하는데, 이들 중 60%의 50대 싱글족이 집을 살 계획이 있다고 응답했고, 40%는 이미 집을 샀다고 답했다.

레저의 측면에서는 동영상, 드라마 시청이 싱글족의 가장 주요한 온라인 레저 활동으로 66.7%로 가장 많았고, 기타 주요 활동으로는 노래 듣기, 게임 e스포츠, 생방송 시청이 꼽혔다. 70%의 싱글족은 월평균 레저 활동을 1,000위안 이하로 지출했으며, 이 중 월평균 소비는 500~1,000위안을 지출한 싱글족이 36%를 차지했다.

연구 보고서는 싱글족의 레저 소비가 여전히 드라마, 영화 관람 등 중저가 활동에 집중돼 있어 소비 지출은 당분간 큰 변동이 없을 것으로 내다봤다. 하지만 앞으로 코로나19의 영향이 점차 줄어들고, 다양한 유형과 가격대의 오프라인 레저 활동이 전개되면서, 싱글족의 월평균 레저 소비 비중이 1,000~2,000위안대에서 높아질 것으로 기대된다고 밝혔다.

3) 싱글 경제가 날로 중요해져, '1인 경제' 발전 기회 제공

싱글족과 1인 가구의 증가는 1인 거주, 1인 식사, 1인 여행의 시장을 탄생시켜 싱글 경제에 발전 기회를 제공하였다.

1인 거주에 맞춰 '30-40m²의 싱글 아파트'가 출시되었는데 연구 보고서에 따르면 2021년 중국 싱글족의 66.7%가 안정적인 주거를 위해 이 싱글 아파트를 구매했다고 한다. 소형 싱글 아파트에 걸맞게 가전제품도 작아지기 시작했다. 소형 가전 시장이 해마다 증가하면서 시장 잠재력도 크게 높아지고 있다. 징동(京東)에서는 미니 오븐, 1인식 전기 잔 등 미니 가전의 인기 제품 판매량이 급증하여 20만 개를 넘었다고 한다.

1인 식사의 경우 2020년 코로나19가 발생하면서 '1인 식사'경제의 열기가 더욱 빨라졌다. 2020년 3월 징동(京東) 소비 데이터에 따르면 '1인 식사'와 관련된 제품이 전년 동기 대비 77% 증가했고, 즉석 반제품 요리 판매량도 눈에 띄게 증가했다.

의·식·주뿐만 아니라 레저 측면에서도 싱글족을 위한 서비스가 확산되었다. 혼자 다니는 맞춤 여행이 유행을 일으키면서 '혼자 다니는 맞춤 여행'과 관련된 앱이 870여 곳이나 되고 중국 최고의 여행 관련 앱인 씨트립(携程)에서는 홀로 여행에 관한 여행 후기가 1,300여 편에 이른다. 또 연구 보고서는 '싱글 경제'의 열기가 계속되면서 싱글 경제와 연관된 '동반 경제'와 '사교 경제'로 파생되어 싱글족의 생활상 및 심리적으로 독신자 집단의 각 방면의 요구를 만족시켰다.

* 참고 자료
중국 민정부(中國民政部), http://www.mca.gov.cn
시나닷컴(新浪网), https://www.sina.com.cn
iiMedia Research(艾媒咨询), https://www.iimedia.cn
중국망, http://www.cmnews.kr/news/articleView.html?idxno=400643

외모 중심 경제(Beauty Economy)

1. 개요

　외모 중심 경제(Beauty Economic)는 외모 중심 소비의 경제를 말하는데 중국어로 '엔즈징지(颜值经济)'라고 한다.

　중국의 경제가 발전하고 사람들의 생활수준이 향상됨에 따라 건강뿐만 아니라 외모에 관심을 가지는 사람들이 점차 늘어나고 있다. 여성뿐만 아니라 남성들도 외모에 많은 관심을 가지기 시작하면서 이에 발맞춰 외모를 중시하는 사람들은 대상으로 하는 새로운 경제 트렌드가 부상을 하고 있다.

2. 배경

1) 외모에 대한 자괴감

　2021년 3월 1일, 중국청년보(中国青年报)에서 대학생을 대상으로 '외모에 대한 자괴감'에 대해 조사한 자료에 따르면 대학생의 59.03%가 외모에 대한 자괴감이 있다고 대답했다. 여성이 남성보다 외모에 대한 자괴감 비율이 더 높았다.

2) '외모 중심 소비' 관련 산업의 성장 잠재력

　2022년 1월 17일, 국가통계국에서 2021년 중국 경제 데이터를 발표한 자료에 따르면 연간 전국 주민 1인당 평균 가처분 소득은 35,128위안으로 전년 대비 9.1%, 2년 평균 6.9% 증가했다고 한다.

가처분 소득(支配收入, Disposable Income)은 가계의 수입 중 소비와 저축 등으로 소비할 수 있는 소득을 가리키며 총소득에서 비소비 지출(세금이나 의료 보험료 등)을 제하고 남아 저축에 쓸 수 있는 금액을 말한다.

여기에 힘입어 스킨 케어, 메이크업, 의료 미용 업종으로 대표되는 외모 중심 소비 산업 시장 규모가 끊임없이 확대되어 외모 중심 소비의 강력한 성장 잠재력을 보여 주고 있다.

3) 외모 중심 소비 인식 확대

의료 미용이 외모를 개선할 수 있다는 인식이 30%를 넘어섰다. 한편, 얼굴부터 바디까지 관리해야 할 정도로 대중적으로 외모 욕구가 커지고 있으며 헬스, 요가 등의 업종이 외모에 관심 있는 사람들로부터 관심을 끌고 있다.

* 출처: 중국 국가통계국(中国国家统计局)

3. 현황

1) 새로운 수요

사람들의 스킨케어 및 메이크업에 대한 수요가 점점 더 세분되고 있으며, 1인당 구매 브랜드 수도 매년 증가하고 있다. 피부 타입에 대한 개별화 상품이 인기를 끌고 있으며, 여기에 대응한 시장 매출이 지속해서 상승하고 있다. '외모 중심 소비'의 촉매로 사람들이 피부 관리에 대한 인식이 점차 높아지고 있다.

속옷 관련 몸매 보정 제품도 인기 있는 선택이 되고 있다. 유로모니터(欧睿咨询) 보고서에 따르면, 2020년 '6.18 징동데이' 기간 동안 속옷 관련 몸매 보정 제품은 인기가 많은 3대 소비 품목으로 꼽혔다. 미용에 대한 사람들의 수요가 직접적인 외모뿐만 아니라 속옷과 관련된 보정 제품에도 관심을 두고 있다.

이미디어 리서치(艾媒諮詢) '2020년 11~12월 중국 화장품 업계 월간 운영 및 연말 점검 데이터 모니터링 보고서'에 따르면 남성 스킨케어(스킨케어, 크림, 토너) 소비 증가세가 30% 정도로 뚜렷했다. 또한, 20대 남성들의 파운데이션 구매 증가 속도가 여성보다 2배, 아이라이너 구매 증가 속도가 여성보다 4배나 빠른 것으로 나타났다. 남성들을 타깃으로 하는 외모 중심 경제도 급속히 성장을 하고 있다.

또한 안전성에 대한 소비자들의 관심이 더욱 높아지고 있으며, 천연 추출물을 성분으로 사용하는 뷰티 제품의 열기는 지속해서 상승하고 있으며, 식물 추출 및 자연 추출물의 성장이 특히 빠르다.

* 출처: CBN Data(第一财经商业数据中心)

2) 새로운 기술

의료 미용 시장의 규모가 지속적으로 확대됨에 따라 중국 의료 미용 기기 업계의 발전 전망이 기대된다. 데이터에 따르면, 2021년 중국 의료 미용 기기 시장 규모는 500억 위안을 넘어 전년 동기 대비 27.8% 성장할 것으로 전망됐다.

중국 미용 기기 시장은 2015년부터 야만(YA-MAN), 리파(Refa), 파나소닉(Panasonic), 트리폴라(Tripollar) 등 글로벌 미용 기기 브랜드가 잇따라 중국 시장에 진출하면서 급성장기를 맞고 있다. 티몰(天猫) 데이터에 따르면, 2020년 중국 가정용 미용 기기 시장은 60억~80억 위안 규모로 연간 30%의 복합 성장률을 보였다.

효능이 다양한 미용 기기 제품 중 안티에이징 능력을 갖춘 미용 기기가 특히 소비자들의 주목을 받아 전체 가정용 미용 기기 매출액에서 차지하는 비중이 50% 이상으로 치솟았다. 안티에이징 미용기는 RF, 온열, 도입 등 다양한 첨단 기술을 탑재해 여성 안티에이징 소비자층 사이에서 인기를 끌며 매년 높은 성장을 기록하고 있다. 소비자가 선호하는 의료 미용 아이템은 피부 관리, 제모 등 전통적인 인기 아이템이다.

* 출처: 이미디어 리서치(艾媒諮詢)

생활수준이 향상되면서 치아 미백 및 교정 등 구강 미용에도 소비자들의 관심이 집중되기 시작했는데, 아이리서치(艾瑞咨询) 데이터에 따르면, 꾸준히 증가하는 구강 소비 중 스케일링 소비자 수가 67%를 차지했고, 다음으로 보철은 13%를 차지했고, 치아 미백은 8%를 차지했다. 이는 구강 의료에서 구강 미용의 형태로 외모 중심 소비가 구강 의료의 후속 성장점이 될 수 있음을 시사한다.

중국은 현재 '구강', '치과'라는 키워드를 가진 현존 기업 14.37만 개가 등록돼 있으며 2021년 1~5월 구강 관련 기업 9,626개가 등록돼 전년 동기 대비 34% 증가하는 등 치과 관련 구강 산업이 새로운 성장 계기를 맞을 것으로 보인다.

좋은 외모를 직접적으로 나타내는 곳인 모발 이식 및 가발 업계도 마찬가지다. 최근 탈모 문제가 사람들의 가장 중요한 이슈로 떠오르면서 거대한 소비시장을 낳고 있는 것으로 나타났다. 시장 데이터에 따르면 중국 탈모 시장은 2030년 복합 성장률 18.9%로 756억 위안까지 성장할 것으로 전망되고 있다.

안과 업계도 외모 중심 소비 경제의 열풍을 타고 있다. 시장에 따르면 중국의 안과 의료 서비스 시장 규모는 2019년 1,275억 위안을 달했고, 연간 복합 성장률 15%이며 2024년에는 2,231억 위안에 이를 것으로 예상된다.

3) 새로운 생활 방식

코로나19 이후 건강과 몸매 관리에 인식과 관심이 높아지면서 특히 젊은 세대(18~30세)를 주축으로 오프라인 헬스(피트니스 클럽)가 활성화되고 있으며, 피트니스 클럽의 증가도 주목할 만하다. 특히 코로나19로 인해 가정용 헬스 기구 소비가 크게 증가했다. 2020년 매출 증가 속도가 20%를 넘어섰으며 '홈트' 관련 시장이 급성장을 하고 있다.

* 참고 자료
CBN Data(第一财经商业数据中心), https://www.cbndata.com
바이두(百度), https://www.baidu.com
아이리서치(艾瑞咨询), https://www.iresearch.cn
유로모니터(欧睿咨询), https://www.euromonitor.com
이미디어 리서치(艾媒諮詢), https://www.iimedia.cn
중국 국가통계국(中国国家统计局), http://www.stats.gov.cn
중국청년보(中国青年报), http://zqb.cyol.com
티몰(天猫), https://www.tmall.com

게으름 경제(Lazy Economy)

1. 개요

'게으름 경제(Lazy Economy)'는 누군가가 나를 대신해서 일을 해 주는 경제 혹은 게으른 소비자를 위한 경제를 뜻하는 것으로, 2014년 미국에서 처음 등장한 경제 개념이다. '게으름 경제'란 현대인들이 바쁜 생활 속에서 내가 하고 싶지 않거나 귀찮은 일을 최대한 줄이고, 하고 싶은 일을 찾아 시간을 더 소비하려고 하는 경제 현상을 말한다. '게으름 경제'는 본질적으로 사람들이 시간을 절약하여 개인적 효율을 높이는 것으로 현재 소비 경제의 대표적인 방식으로 자리 잡았다.

중국에서는 懶人经济(란런징지)라고 불린다.

2. 배경

사회가 발전하고 생활이 세분화되면서 사람들은 모든 것을 간단하고 편리하게 해결하려는 심리가 더 강해지고 있다. 이런 심리를 이용한 각종 생활용품과 식품이 시장에 등장하기 시작했고, 게으름 경제를 타깃으로 하는 산업이 급성장하고 있다. 이제 게으름 경제는 새로운 시장 비즈니스 기회를 창출하고 사회 경제 발전을 촉진할 수 있는 하나의 역할을 담당하고 있다.

3. 현황

2021년 중국 대표 온라인 쇼핑몰 타오바오(淘宝) 자료에 따르면 양말 세탁기, 창문 자동 청소기, 1인용 훠궈 등 란런 상품 매출이 약 2조 7천억 원에 달했다고 한다. 소위 말하는 '게으른 소비자를 위한 경제'가 코로나 사태와 맞물려 폭발적 성장을 이루었다. 게으름 경제의 출발은 배달에서 시작되어 그 후 차차 가사 서비스, 간단 조리 식품, 공동 구매, 청소 로봇 등 경제의 모든 영역으로 확대되어 가고 있다고 한다.

1) 게으르게 먹기

제48차 '중국 인터넷 발전 상황 통계 보고서'에 따르면 2021년 6월 말 현재 중국의 온라인 배달 이용자 수는 4.69억 명을 넘어섰고 배달 시장 규모는 100억 명에 이를 정도다. 이미디어 리서치(iiMedia Research)의 조사에 따르면 2021년 중국 소비자의 35.2%가 월평균 1~5회, 27%가 월평균 6~10회, 14.3%가 월평균 11~20회 배달을 시켰다고 한다.

또한, 소비자의 5%는 월 20회 이상 배달을 시키고 있다고 답했고 18.5%의 소비자만 배달을 시키지 않는다고 답했다.

2022년 중국의 설인 춘제(春節)를 맞아 '게으름 경제'를 대표로 하는 새로운 트렌드가 빠르게 확산되고 있다.

2022년 1월 들어, 메이퇀산꺼우(美团闪购), 메이투안요우쉔(美团优选) 등이 공동으로 '춘제(春節)에는 문을 닫지 않는다'는 캠페인을 내놓고, 소비자에게 주식, 간식, 농산물, 디지털 3C 등 다양한 품목을 최대 30분 배송 서비스를 제공했다.

또한 춘제 기간 동안 소비자의 물품 구매 수요를 충족시키기 위해, 타오바오(淘宝), 티몰(天猫)은 15만 명의 인력을 투입해 자체 물류 시스템인 차이냐오(菜鸟)를 통해 중국 약 300개 도시의 소비자들에게 평소와 같은 배송 시스템을 마련했다.

티몰(天猫)의 밀키트 판매량은 전년 동기 대비 100% 이상 증가했으며, 특히 산초닭(花椒鸡), 불도장(佛跳墙) 등 지역 특색 반제품 요리는 특히 40대, 50대 소비층에게 인기가 높았다.

또한 징동(京东) 데이터에 따르면 2022년 춘제(春節) 전 인터넷 쇼핑에서 춘제(春節) 저녁 음식 판매량이 전년 동기 대비 170% 이상 증가했으며 거래액이 가장 높은 저녁 음식으로 불도장(佛跳墙)과 해산물 선물세트 등이었다고 한다.

2) 게으르게 사용하기

이커머스뿐 아니라 가전 업계에서도 게으름 경제를 위한 혁신에 적극 나서고 있다. 바닥 청소기, 자동 세척 블렌더, 전동칫솔 등의 가전제품이 인기를 끌고 있었다.

2021년 4월 말 중국 가전망(中国家电网)의 '2021년 로봇청소기 시장 발전 백서'에 따르면 중국은 이미 세계 최대 로봇청소기 시장이 되었다고 한다. 중국 로봇청소기 업종은 2010년을 그 원년으로 시작해 2013년 중국 로봇청소기의 연간 판매량은 57만 대에 불과했고, 연간 매출은 8.4억 위안이었지만, 2020년 중국 로봇청소기 시장 규모는 이미 94억 위안에 이르러, 거의 10배 가까이 성장하였다. 한편, 에코백스(科沃斯)·샤오미(小米)·로보락(石头科技)의 3개 회사가 중국 로봇청소기 온라인 시장의 69.1%를 점유하고 있다. 이 가운데 에코백스(科沃斯)는 온라인 매출 점유율 43.8%, 오프라인 매출 80%로 중국 로봇청소기 업계 1위에 올랐다.

중국 가정생활에서, 가사 노동 시간은 비교적 큰 비중을 차지한다. 데이터에 따르면 중국의 가사 노동 평균 시간은 86분으로 가정생활 시간의 53%를 차지하고 있다. 따라서 '게으름 경제'의 영향으로 식기 세척기의 수요를 촉진하였다. 중국 빅데이터 시장 분석기관 AVC(奥维云网)에 따르면 2021년 연간 식기세척기 시장의 소매 판매액은 99.6억 위안으로 전년 동기 대비 14.4% 증가했고, 소매 판매는 195.2만 대로 전년 동기 대비 1.7% 증가했다고 한다. 이렇듯 가파른 성장세를 보이고 있다고 한다.

3) 게으르게 생활하기

요리와 집안일을 하는 데 많은 시간이 소요되다 보니, 직접 요리를 하는 대신 배달 음식을 시키고, 집안일을 가사도우미에게 맡기는 것이 일상이 되었다. 가사도우미는 새로운 직종으로 자리 잡았고, 가사 서비스학과를 개설한 대학교도 생겨났다. '2021년 중국 가사 서비스 업종의 시장 규모 및 시장 분석'에 따르면, 2020년에 지식형 가사 서비스의 증가 속도가 가장 빠른 것으로 나타났고 그 시장 규모가 2,776억 위안에 달했다.

20대, 30대의 젊은 세대가 가사 서비스 소비의 주역으로 떠올랐다. '광꾼절(光棍节) 가사 서비스 소비 보고서'에 따르면, 20대가 주문한 가사 서비스가 전체 주문 비중의 45%에 달해 1위를 차지하였고, 다음으로 30대의 주문량이 30%를 넘어 2위를 차지했다. 중국의 기업 정보 사이트인 치차차(企查查)의 데이터에 따르면, 현재 중국에 현존하는 가사 서비스와 관련된 기업은 262.7만 개에 달하며, 2020년 한 해

동안 81.4만 개가 새로 생겨 전년 동기 대비 196%가 증가했다. 2021년 3분기에 가사 서비스와 관련된 기업은 36.6만 개로 전년 동기 대비 39.2%가 증가했고, 최근 2년간의 평균 성장률은 124.6%에 달했다고 한다.

4) 게으르게 쇼핑하기

이미디어 리서치(iiMediaResearch)에서 2021년 8월 3일에 중국 국가 우체국(中国国家邮政局)의 '2021년 상반기 업계 경제 운용 상황'을 인용하여 발표한 자료에 따르면 택배 물량은 493.9억 건, 수입은 4,842.1억 건으로 전년 동기 대비 각각 45.8%, 26.6%가 증가했다.

2020년 코로나19의 여파로 택배 물류 산업의 발전이 침체되었다가 다시 회복되는 추세를 보이고 있다. 코로나19의 영향으로 오프라인보다는 소비자들의 온라인 소비 습관을 더욱 부추기고 있고, 배송 업계의 성장 잠재력이 재부각되는 등 택배 물류 업계의 성장 호조가 이어지고 있다.

'게으름 경제'의 미래 발전에 대해 어러머(饿了么) 시장부 책임자 구이웨이룽(桂卫荣)은 인터뷰를 통해 '최근 소비 개념이 변화함에 따라 향후의 제품은 더 자연스럽고 건강한 방향으로 발전해야 하며, 소비자는 점점 더 고품질의 제품을 원하게 될 것이고, 따라서 미래 제품의 품질과 브랜드는 게으름 경제의 중점이자 방향이어야 할 것이다'는 의견을 피력했다.

궈하이증권(国海证券)은 최근 5년간 식품 가공 업계에서 가장 빠르게 성장하고 있는 업종 중 하나로 간편 조리 음식(밀키트)을 꼽았다. 현재 밀키트 업종 규모는 2,000억 위안을 넘었고, 관련 기업은 7만 개로 최근 5년간 시장 참여자가 지속적으로 증가하고 있다. 향후 5년간 연간 복합 성장률이 15%에 이르고 2026년에는 4,000억 위안을 넘어설 것으로 예상되며, 장기적으로는 3만억 위안을 넘어설 것으로 전망된다고 밝혔다.

* 참고 자료
AVC(奥维云网), http://www.avc-mr.com
송과재경(松果财经), http://www.songguocaijing.com
신경보(新京报), https://www.bjnews.com.cn
이미디어 리서치(艾媒网), https://www.iimedia.cn
중국 가전망(中国家电网), http://www.cheaa.com

반려동물 경제(Pets Economy)

1. 개요

1990년대 형성된 중국의 반려동물 시장은 생활 수준이 향상됨에 따라 서양식 반려동물의 문화를 받아 국내외 유명 기업들이 대거 반려동물 시장에 뛰어들면서 급성장 단계에 접어들었다. 현재 반려동물에 관한 산업 사슬은 반려동물 병원, 반려동물 미용점, 반려동물 식품점, 반려동물 장례식, 심지어 반려동물 사이트 등으로 형성되고 있어 '반려동물 경제'라는 신조어가 만들어졌다.

중국어로는 宠物经济(Pat Economy, 반려동물 경제/총우징지)라고 한다.

2. 배경

　반려동물 경제의 역사는 1900s 미국으로 거슬러 올라간다. 100년 전부터 미국에서 반려동물 경제가 싹트기 시작했고, 당시 캔, 건식 사료, 습식 사료, 영양제 등으로 대표되는 반려동물 식품이 시장에 등장했다. 이후 급속한 경제 사회 발전과 인구 구조의 변화 등 여러 가지 영향으로 1980년대부터 미국인들이 반려동물 키우기 급증하면서 반려동물이 가정의 정서적 동반자로 자리 잡았다.

　중국의 반려동물 경제는 대체로 1990년대에 시작됐다. 1992년 중국 소동물 보호 협회(中国保护小动物协会)의 설립으로 '동물을 보호하기'와 '동물은 인간의 친구'라는 인식이 사회에 널리 퍼지면서 '반려동물'이라는 개념을 새롭게 정의하게 되었고 반려동물을 키우는 생활방식이 고도화되었다. 또한 해외 유학생들이 외국으로부터 신선한 반려동물의 새로운 관념을 가지고 들어오면서 중국의 반려동물 시장이 확대되었다. 이어 세계적인 반려동물 식품 브랜드인 마스(Mars), 로얄(Royal) 등이 진출하면서 중국 반려동물 산업 발전의 변곡점을 가져왔다.

　2000년대 들어 국민 소득 수준이 높아지고 반려동물의 개념이 성숙되면서 중국에서 반려동물의 수가 빠르게 증가하기 시작하고, 반려동물의 역할도 변화하기 시작했으며, 가정에서는 '집과 정원 지키기'의 천한 지위가 아니라 '아이, 가족'과 같은 역할이 생겨나면서 가족 정서에 중요한 반려자의 역할을 하고 있다.

2010년 이후 중국 반려동물 산업은 빠른 성장기에 접어들었다. 반려동물을 키우는 사람들도 점점 늘어나고 있으며 이들의 소비 규모가 점점 커지고 있다. 각종 반려동물 병원과 반려동물 미용실이 잇따라 등장하면서 반려동물 경제는 소비 경제의 중요한 요소로 떠올랐다. 인터넷의 발달 이후 온라인 경제의 급속한 발전은 반려동물 경제의 성장에 큰 일조를 했다. 반려동물 서비스 플랫폼이 대중적 시야에 등장하면서 '云养宠(인터넷으로 반려동물을 키우기)'와 같은 새로운 서비스 모델이 떠오르고 있다.

반려동물 시장은 사료뿐만 아니라 간식, 옷, 장난감 등 반려동물 생필품을 포함하여 환경 조성을 위한 소품, 청소용품 등 반려동물 관련 용품 시장이 급성장을 하고 있다.

3. 현황

2022년 1월 18일 중국축산협회(中国畜牧业协会) 반려동물산업 분회(宠物产业分会)가 Pethadoop 반려동물(派读宠物) 산업 빅데이터 플랫폼을 지도해 만든 '2021년 중국 반려동물 산업 백서(2021年中国宠物行业白皮书)' 소비 보고서가 공식 발표되었다.

발표 자료에 따르면 몇 가지 주목할 만한 요소들이 나타난다.

1) 반려견 경제는 안정을 촉진하고 반려묘 경제는 성장을 촉진한다

2021년 조사 자료에 따르면 고양이가 개를 제치고 가장 많이 기르는 반려동물이 됐다. 2021년에는 반려동물 중 개와 고양이의 비율이

50%를 넘고, 고양이 비율은 59.5%에 이른다. 중국 가구 중 반려묘 수는 5,806만 마리, 반려견 수는 5,429만 마리였다.

반려 고양이는 2018년 이후 고속 성장을 거듭하고 있다. 대도시의 생활공간의 제한, 생활 리듬의 빨라짐, 젊은이들의 게으른 생활 습관 등등의 공통분모도 있다.

하지만 소비력에선 여전히 반려견 시장이 만만치 않다. 시장 규모로 보면 2021년 반려견 시장 규모는 1,430억 위안으로 전년 동기 대비 21.2%를 성장하여 반려묘 시장을 앞지르고 있다. 반려묘 시장 규모는 1,000억 위안을 넘어 전년 동기 대비 19.9%를 성장했다. 전체 도시의 반려견과 반려묘 시장 규모는 2,490억 위안으로 전년 동기 대비 20.6%를 성장했고, 2021년 전체 소셜 컨슈머 소매 판매보다 8% 증가했다. 이는 반려동물 경제가 중국 사회의 소비에 큰 영향을 미쳤음을 보여 준다.

반려견 한 마리의 소비는 연간 2,634위안으로 전년 동기 대비 16.5% 증가했고, 반려묘 한 마리의 소비는 1,826위안으로 2020년과 거의 비슷했다.

2) 반려동물 소비의 '엥겔 계수'가 낮아지고 있다

2019년부터 2021년까지 반려동물 식품 시장 점유율은 61.4%에서 51.5로 10%P 감소했다. 반려동물 의료 시장 점유율은 19%에서 29.2%로 10%P 증가했다.

더 세분화된 시장을 보면 반려동물 진료 시장 점유율은 14.6%로 반려동물 사료에 이어 두 번째로 크다. 반려동물 식품 시장에서 영양제 시장 점유율은 1.8%로 식품 영역에서 유일하게 성장하고 있는 시장이다.

품목별 소비 침투율을 보면 2021년 진료 침투율은 75.8%로 4위를 차지했지만 시장 점유율은 2위에 이른다. 그만큼 진료가 소비에 더 큰 영향을 미치고 있다는 의미한다.

3) 반려동물을 키우는 사람의 특징

첫 번째는 학력이 높다는 것이다. 반려동물을 키우는 사람의 약 90%는 전문대 이상의 학력을 보유하고 있다. 7차 센서스에 따르면 중국의 노동 연령 인구 중 전문대졸 이상의 학력을 가진 인구가 차지하는 비중은 23.61%다.

두 번째는 소득이 높다는 점이다. 반려동물을 키우는 사람의 46.7%는 월 4,000~9,999위안을 벌고, 월 만 원 이상 버는 사람은 34.9%로 1/3을 넘었다.

보통 고학력과 고소득은 소비력이 더 강하다는 것을 의미한다.

세 번째는 나이가 젊은 것이다. 46.3%가 1990년 이후에 출생했으며, 이 중 1990년~1994년에 출생한 사람은 23.4%를 차지하고, 1995년~1999년에 출생한 사람은 22.9%를 차지했다.

네 번째는 반려동물을 키운 시간이 짧은 것이다. 약 52%의 사람이 반려동물을 키운 시간은 3년 미만이고, 이 중 19%는 반려동물과 함께 한 시간이 1년이 안 되는 것으로 나타났다.

젊은 층이 많고 반려동물을 새로 키우는 사람이 많다는 것은 반려동물 소비 주기가 더 길어진다는 것을 의미한다.

4) 해외 브랜드와 국산 브랜드의 경쟁이 심화되고 있다
시장 규모가 가장 큰 사료 시장에서 국산 브랜드와 해외 브랜드가 경쟁 중이다.
반려견 시장에서는 중국의 국산 브랜드가 비교적 중립적이고 약간 우위를 점하고 있는 반면에 반려묘 사료 시장은 해외 브랜드를 더 선호하고 있는 것으로 나타났다.

브랜드별 이용률은 개 사료 시장 톱 10 브랜드 중 해외 브랜드가 6개를 차지했고, 고양이 사료 시장에서는 해외 브랜드가 1~3위를 휩쓸었다.

잠재력이 가장 높은 반려동물 의료 시장에서 백신과 구충제의 경우 두 시장은 거의 해외 브랜드가 독점하고 있으며 특히 구충제 사용률 상위 10위 안에 중국 브랜드는 하나뿐이며 90%가 해외 브랜드가 차지하고 있었다.

5) 반려동물 병원이 반려동물의 종합적 서비스로 변화하고 있다

반려동물 병원은 치료 목적뿐만 아니라 반려동물의 사료, 간식, 영양제 등의 구매 및 미용 등 다양하고 종합적인 서비스를 제공하고 있다. 사료 구매 시 25.5%가 반려동물 병원을 이용하는 것으로 나타났다. 반려동물을 키우는 사람의 90% 이상이 반려동물 병원을 이용한 경험이 있으며 60대 이상의 사람보다 Z 세대에서 특히 동물 병원을 더 이용하는 것으로 조사되었다. 반려동물의 미용 등 기타 서비스에서도 동물 병원을 더 선호하는 것으로 나타났다.

반려동물 병원을 이용하는 빈도가 높아질수록 반려동물 의료 시장의 발전에 도움이 될 것으로 전망하고 있다.

* 참고 자료
Pethadoop(派读宠物), http://www.pethadoop.com
바이두(百度), http://www.baidu.com

건강 경제(Health Economy)

1. 개요

건강 산업은 시장 잠재력이 큰 새로운 산업이다. 건강 산업은 의약제품, 보건 용품, 영양 식품, 의료 기기, 보건 기구, 건강 관리, 건강 상담 등 인간의 건강과 밀접한 여러 생산과 서비스 분야를 다루고 있다. 건강은 갈수록 사람의 관심을 받고 있고, 건강 산업도 투자 잠재력이 높아 중국 경제 산업의 '유망 산업'으로 부상했다. 미국의 유명한 경제학자인 폴 필저(Paul Pilzer)는 《새로운 웰니스 혁명(The New Wellness Revolution)》이라는 책에서 건강 산업을 IT 산업에 이은 새로운 혁신 산업으로 손꼽았다.

중국어로는 '지엔캉징지(健康经济)'라고 불리는데 건강 중시 소비 경제를 말한다.

2. 배경

인터넷의 발전은 사람들로 하여금 영양 및 건강과 관련된 지식의 보급을 강화할 수 있게 만들었고, 사회가 노령화, 도시화되어 가는 과정에서 건강 관리에 대한 수요는 끊임없이 높아지고 있다. 중국 역시 건강과 관련된 경제는 건강 산업 영역의 중요한 세부 영역으로서 지속적인 발전 동력을 얻을 것이다.

고령화와 주민 질병 비율 증가 등의 영향으로 중국 국가 의료비 지출이 계속 늘고 있고 사람들의 건강에 대한 관심과 기준은 계속 높아지고 있다. 인터넷 의료 기술이 발전함에 따라 건강 경제는 상당 기간 동안 성장세를 지속할 것으로 보인다.

코로나 등의 영향으로 사람들이 건강에 대한 관심이 높아지면서 운동, 다이어트, 피부 미용 등에도 큰 수요를 보이고 있다.

3. 현황

이미디어 리서치(iMedia Research)의 데이터에 따르면 2014~2019년 중국 주민 1인당 소비 지출과 의료 보건 소비 지출이 동반 증가세를 보이다가 2020년 코로나19 여파로 1인당 소비 지출이 소폭 감소하면서 사람들의 의료 보건 소비 지출도 동반 감소했다. 앞으로 국민 경제가 성장하고 소비 수준이 높아지면서 주민들의 의료 소비 욕구는 계속 늘어날 것으로 전망한다.

미국, 스위스, 독일, 프랑스 등 서양 선진국들은 GDP 대비 의료 위생 지출 비중이 10%를 넘고 OECD 국가들은 평균 8.8%, 중국은 6.6%에 불과한 것과 비교하면 여전히 상승 여력이 크다. 중국이 세계 주요 경제국으로 부상하면서 중국의 산업 구조와 의료 발전도 미국, 독일 등에 가까워질 것으로 예상돼 중국의 의료 지출이 늘어날 여지가 크다고 진단했다.

2020년 중국 건강 산업의 전체 영업 수익은 7만억 위안을 돌파하고 2021년에는 8만억 위안, 2022년에는 8.32만억 위안, 2024년 중국 건강 산업의 시장 규모 추정치는 9만억 위안에 달할 것으로 예상된다.

건강 산업의 발전과 코로나19 기간, 의약 수요의 증가 덕분에 의약 제조업과 의료 기기 업계 등 세부 분야가 모두 좋은 결과를 나타났다. 이미디어 리서치(iMedia Research)에 따르면 2020년 중국의 의약 제조업 투자 수익은 344.1억 위안으로 전년 동기 대비 27.6% 증가했고, 중국 의료 기기 업계 시장 규모는 7,000억 위안을 넘어 전년 동기 대비 16.8% 증가했다.

2020년 중국에서 투자 열기가 가장 높은 신경제 업종은 의료건강 업계다. 투자 유망 분야 중 투자 금액이 가장 높은 것은 바이오 제약으로 900억 위안을 넘었고, 이 밖에 건강 산업 세부 분야 중 의료 기기도 273억 위안의 거래액을 올렸다. 코로나19 사태에도 건강 산업에 관한 열기는 여전히 뜨겁다.

 데이터에 따르면, 2012~2020년 6월 중국의 사립 병원 수는 증가 추세를 유지하고 있으며 사립 병원 수가 2016년 처음으로 공립병원 수를 앞질렀을 정도로 증가세를 보인다. 2020년 6월 중국의 사립병원 수는 22,755개로 공립병원의 2배에 육박할 정도로 발전 속도가 빠르다.

 특히 2020년에 코로나19의 영향으로 원격 의료 서비스 시스템인 인터넷 병원 및 약국이 많이 생겼다. 2018년 100개에 불과했던 중국의 인터넷 병원은 2020년 말 900개를 넘어섰다. 특히 온라인에 접속해 인터넷 병원을 통해 더 많은 환자에게 서비스를 제공하는 오프라인 병원이 늘고 있다. 현재 운영 중인 인터넷 병원 중 오프라인 의료 기관 주도 비중은 80%를 넘어섰다.

 최근 몇 년 동안 중국 온라인 약국 매출이 빠르게 성장하였고, 2020년 코로나19 사태 영향으로 중국 온라인 약국 매출이 크게 성장하였으며, 2020년 중국 온라인 약국(의약품과 비의약품 포함) 매출은 1,593억 위안에 달하여 2019년 대비 591억 위안, 전년 동기 대비 59.0% 증가하였으며, 앞으로도 계속 성장할 것으로 보인다.

 중국 의료 서비스 시장의 수요는 고령화, 도시화의 영향으로 그 시장이 거대하다. 그러나 의료 서비스 지출은 여전히 의료보험 지출을 위주로 하고 있으며, 건강 산업 사슬의 연장 및 소비 의료 시장의 가치 획득에 여전히 시간이 필요하다. 코로나19의 상황에서 백신, 의료 기기 등 관련 건강 산업이 발전의 좋은 기회를 맞이하였다. 인터넷 기술이 바뀌면서 인터넷 의료, 인터넷 약품 판매, 'AI+약물'의 개발 등 '인터넷+의약'의 새로운 업태가 출현하고 있다.

의료 자원은 국립 병원에 더 많이 집중되어 있지만 이미 큰 변화가 생겨 민간 자본이 유입되어 새로운 기회를 형성하고 있다.

* 참고 자료
이미디어 리서치(艾媒网), https://www.iimedia.cn
차이나이캐피탈(易凯资本), http://www.ceccapitalgroup.com

MZ 세대 경제(MZ Generation Economy)

1. 개요

MZ 세대는 1980년대 초~2000년대 초 출생한 밀레니얼 세대와 1990년대 중반~2000년대 초반 출생한 Z 세대를 통칭하는 말이다. 중국에서 이들을 '천희일대(千禧一代)'로 부른다. 중국 MZ 세대의 소비는 이미 국내 소비의 69%를 차지할 정도로 중국의 새로운 주력 소비층으로 부상한 것으로 집계되고 있다.

중국의 인터넷 발전은 국력의 부상과 문화적 자신감의 각성을 동시에 수반하기 때문에 중국 MZ 세대는 독특한 소비 관념과 소비의 특질을 갖고 있다.

2. 배경

MZ 세대의 부모들은 경제와 사회의 어려운 시기를 거치면서 저축과

제한적 소비 경제를 택하지만 부모와 달리 MZ 세대는 중국의 경제 발전과 동시에 인터넷 문화를 장착하고 태어난 세대로서 이들은 경제 개혁에서 큰 이익을 받은 '특권 세대'다. 또 MZ 세대의 대부분은 '한 자녀 정책(独生子女政策)' 아래 가정에서 유일한 아이로, 소위 말하는 '소황제'의 특성을 가지고 태어나 기성 세대의 총애를 받아, 늘 사랑과 재정상의 지지를 받는다. 따라서 이들의 소비 태도는 기성 세대보다 관대하고 개성적인 특징을 가지고 있다.

3. 현황

MZ 세대의 특징은 부모보다 교육 정도와 글로벌 의식이 높다. 보스턴 컨설팅 그룹(The Boston Consulting Group)에 따르면 중국 MZ 세대의 25%가 학부 이상의 학력을 가진 반면 이들의 부모는 학부 이상의 학력을 가진 사람은 3%에 불과하다. 그들은 인터넷에 익숙한 세대들로 많은 쇼핑이 모두 인터넷에서 이루어진다. 또한 그들이 해외 여행을 간 횟수는 기성 세대의 두 배에 달한다.

1) 생활 방식
- 대중적인 상품보다 프리미엄 상품을 선호

요즘 젊은 중국 소비자들은 양질의 라이프 스타일에 대한 열망이 강하다. 일용품이 아닌 건강식품, 교육, 여행처럼 개인의 행복감을 높일 수 있는 가치 높은 상품과 서비스의 수요가 늘고 있다. 또 그들은 소비 방면에서 더욱 세심하게 선택하고 양보다는 상품의 퀄리티에 의한 구매를 선호한다. 건강, 식품 안전, 품질 등에 대한 의식 향상이 고가 상품의 수요를 촉진했다. 크레디트 스위스 투자은행(Credit-Suisse)의 최근 연구에 따르면 중국 소비자들은 양산 제품보다 프리미엄이나 비싼 제품을 선호한다고 하며, 글로벌 컨설팅 회사인 맥킨지(McKinsey & Company)의 한 연구에 따르면 현대 중국 소비자의 50%는 최고와 가장 비싼 제품을 선호한다고 한다.

- 건강한 라이프 스타일 추구

크레디트 스위스 투자은행(Credit-Suisse)의 조사에 따르면 약 40%의 소비자가 스포츠에 더 많은 시간을 쓸 계획이며 80%의 소비자는 이미 더 건강한 식습관을 만들기 시작했다고 한다. 중국 국가체육총국(国家体育总局)에 따르면 2015년 중국 스포츠 산업의 총규모는 1.70억 위안으로 전년 동기 대비 5,494억 위안이 증가했고, 같은 기간 GDP의 0.8%를 차지했다. 2025년까지 중국 스포츠 산업의 총규모는 5조 위안 이상으로 2015년~2025년 복합 연간 성장률은 20%에 달할 것으로 예상된다.

- 개별적 생활 소비품 선호

최근 중국의 생활 서비스류 소비는 빠르게 증가하고 있다. 특히 삶의 질과 행복감에 관련된 소비들이다. 전자 상거래의 급속한 발전, O2O 플랫폼의 활발한 발전, 그리고 공유 경제의 활성화는 중국의 생활 서비스 산업에 많은 기회를 제공했다. 경제 보장을 위해 일하는 대부분의 기성 세대에 비해 젊은 세대는 수입의 대부분을 서비스업, 특히 교육, 건강, 오락, 음식과 여행에 쓴다.

- **여행과 관련된 욕구 증가**

MZ 세대가 중국 해외 여행객의 주력이 되고 있다. 미국 증권회사인 골드만 삭스(Goldman Sachs)에 따르면 현재 MZ 세대는 전체 중국 출국 관광객의 67%를 차지한다고 한다. 또한, 중국 MZ 세대 관광객은 가장 강력한 소비층으로 싱가포르 관광청이 의뢰한 연구에 따르면 중국 MZ 세대는 다른 아시아 지역 MZ 세대보다 평균 2배나 더 많은 소비를 한다고 한다.

2) 개성을 위한 유일함 추구

삶의 기본이 충족될 때 중국 MZ 세대는 이들에게 우월감을 줄 수 있는 독특한 상품을 추구한다. 중국에서는 개성화 브랜드, 한정판 제품과 커스터마이징 제품이 인기를 끌고 있다.

3) 더 풍부한 쇼핑 체험을 기대

쇼핑을 이상적인 소셜 이벤트로 여기는 중국의 MZ 세대가 늘고 있다. 쇼핑은 더 이상 상품 구매의 유일한 목적을 충족시키지 않으며, 친구와 가족과의 즐거운 시간이기도 하다. 중국 부동산 종합 서비스 회사인 CBRE(世邦魏理仕)가 실시한 한 조사에 따르면 중국의 MZ 세대는 기성 세대보다 쇼핑 레저 체험(쇼핑을 하면서 레저와 엔터테인먼트를 동시에 즐기는 것)에 가처분 소득 비중이 훨씬 높은 것으로 나타났다. 기성 세대는 소비 예산의 대부분을 생필품 구매에 쓰고 있는 것에 비하면 큰 대조를 이룬다.

이제는 더 많은 소매업자들이 인터넷 기술을 활용해 체험과 생활 밀

착형 제품을 제공하고 최신 VR 기술까지 적용해 MZ 세대를 사로잡고 있다. 체험적 요소를 도입한 쇼핑몰, 백화점과 소매점들이 많아지고 있으며, 엔터테인먼트와 소셜이 어우러진 소매 장소를 만들기 위해 노력하고 있어 젊은 세대, 즉 똑똑한 소비자들을 위해 잊지 못할 경험을 만들고자 노력하고 있다.

또한, 요즘 중국 MZ 세대는 쇼핑 편의에 대한 기대가 크다. 그들은 그들의 요구에 가장 적합한 경로를 선택하고 온라인과 오프라인을 막론하고 전 채널의 쇼핑 고객이다. 이들은 온라인 쇼핑을 할 때 제품 조사부터 구매, 결제, 배송, 사후 판매까지 모바일로 하는 경우가 많다. 오프라인 매장에서 소비할 때 알리페이(支付宝)나 텐페이(财付通) 같은 간편 결제를 사용하여 무료 배송 서비스를 선호한다. 중국의 MZ 세대를 사로잡기 위해 다양한 유통 채널에서 쇼핑 경험을 제공하는 것이 이미 많은 유통업자들의 최우선 과제가 됐다.

4) 소셜 미디어의 열풍

중국의 인터넷 이용자 수는 2021년 6월까지는 10~11억 명으로 세계 최대이며, 이외에도 소셜 미디어 발전에서는 중국이 세계를 앞서가고 있다. 중국의 인터넷 인구 중 80%가 정기적으로 소셜 네트워크 서비스(SNS)와 온라인 커뮤니티를 방문하는데 대부분 하루 한 번꼴이다. 중국의 MZ 세대는 소셜 미디어에서 가장 중요한 사용자다. 중국 사회과학원(中国社科院)과 텐센트연구원(腾讯研究院)이 최근 발간한 보고서에 따르면 10대들의 소셜 미디어 보급률은 99%에 달한다.

디지털을 이용한 소비경제가 큰 영향력을 발휘하고 있는 현재와 미래, 중국의 소비 이끌 실용주의적이며 개성이 강한 이들의 특징과 트렌드를 잘 이해함과 동시에 마케팅의 새로운 전략이 필요하다고 할 수 있다.

* 참고 자료
冯氏集团利丰研究中心, https://www.fbicgroup.com

남성 경제(He Economy)

1. 개요

중국어에서 '남성 경제'를 '타징지(他经济)'로 부른다. 이는 남성을 뜻하는 '타(他)'와 경제를 뜻하는 '징지(经济)'의 합성어로 남성을 위한 경제라는 의미의 중국 신조어다. 일본과 대만 등에서 유행하던 '남성 경제(He Economy)'가 2011년 중국으로 건너왔다. MZ 세대들이 특히 '히노코미'를 선호하는 것으로 나타났다.

2. 배경

중국 남성 소비자들은 패션, 스포츠, 아웃도어뿐만 아니라 미용, 화장품, 액세서리 등 여러 분야에서 영향력을 발휘한다. 특히 온라인에서의 구매 횟수 및 금액은 여성보다 높은 것으로 알려져 있다.

3. 현황

또, '아버지의 날(父亲节)'에는 '히코노미'의 열풍이 불었고, 남성만의 프리미엄 소비 경제를 가져왔다.

1) '남성 경제(He Economy)'가 유행하게 된 원인

　중국 국가통계국(国家统计局)의 '2020년 통계연감'에 따르면 중국은 싱글족이 계속 늘어, 전국 가구 중에서 차지하는 비중이 20%에 달하고, 이 중 남성이 62%를 차지했다.

　남성들의 취미활동은 여성보다 더 다양한 것으로 조사되었다.
　중국 모바일 연구원(中国移动研究院) 2021년의 조사 결과에 따르면 남성 취미생활은 평균 4.9개로 여성의 2.5개에 비해 1.9배가 높았다. 남성은 전자 기술, 서브컬처 마니아(二次元), 피규어, 게임 등 4개 항목에서 TGI(남성 선호도/남성 및 여성 선호도)가 110%를 웃돌아 남성의 소비력이 증대되었다.

　2020년, '티몰 618 타오바오 라이브 혁신 보고서'에 따르면 타오바오(淘宝) 라이브 가입자 중 남성 가입자의 수가 가파른 증가세에 있으며 남성 가입자의 증가 속도는 2018년부터 2020년까지 200%를 넘어섰다고 한다. 퀘스트 모바일(QuestMobile)의 '2021 남성 소비 인사이트 보고서'에 따르면 매달 1,000위안 이상의 돈을 쓰는 남성은 55%를 차지해 1.22억 명에 달했다고 한다.

　또한 남성들의 새로운 자아 가치 실현도 '히코노미'의 발전을 도와준다. 물질적 생활 측면에서 여성보다 안정적인 직업과 소득의 증가를 미래 삶의 보장으로 생각하는 남성이 많았다. 정신생활 측면에서도 여성보다는 개인의 자아 가치 실현에 관심을 갖는 남성이 많고, 이와 함께 남성의 자신 가치 정의도 넓어지면서 취미가 자아 가치의 일부가 됐다.

2) '남성 경제(He Economy)'의 소비 수요

자주 구매하는 3C 제품 중 남성 구매 비율이 가장 높은 것은 게임 관련 제품으로 70%에 육박했다. 노트북, 이어폰, 오디오 등이 게임 뒤를 이었다. 게임용 제품 외에도 게임 콘텐츠 유료 사용이 큰 소비 지출이며, 게임 내 아이템 구매 비율도 아주 높다. 게임 관련 콘텐츠의 전체 소비에서 남성의 72%가 1년간 500위안을 넘게 썼다.

트렌드 관련 제품을 구매할 때 남성 소비 비중이 여성보다 높아 52%를 차지했다. 그중에서도 의류, 스니커즈, 가방, 피규어는 남성들이 가장 많이 구매하는 트렌드다.

3) '남성 경제(He Economy)'의 새로운 소비관

남성은 소비할 때 충동과 이성이 공존하는 소비 관념을 갖고 있다. 일용품을 구매할 때 그들은 가성비 높은 제품을 선호해 매우 이성적이다. 반면 건강, 외모 중심 소비 등과 같은 소비를 할 때 '쇼핑 중독'의 충동적인 소비 성향을 보인다.

많은 남성에게 소비는 소셜의 일부이기도 하다. 디지털 경제의 발전에 따라 소비의 소셜화가 인터넷 경제 발전의 새로운 추세가 되고, 쇼핑은 이미 소셜 생활의 부산물이 되었다. 트렌드한 브랜드가 담배, 술, 부동산, 차를 대체하는 남성들의 소셜적인 화젯거리가 되고 있다. 또 취미로 구축된 사교계가 남성의 소비 행태에 영향을 미치고 있다. 남성이 가입한 사교계의 1~3위는 각각 운동, 쇼핑, 디지털이었다.

온라인 소비가 남성 소비의 주요 통로가 됐지만 오프라인 통로 역시 남성 소비에서 중요한 역할을 한다. 쇼핑은 더 이상 여성만의 여가 방식이 아니라 남성들의 소비 경험에서도 중요한 역할을 하고 있다. 남성의 오프라인 소비는 주로 자동차 70%, 생선 66%, 주얼리 58% 등으로 구성됐다.

남성들은 과소비에 대해서도 다른 목소리를 내고 있다. 많은 남성들이 과소비에 대해 부정적인 반응을 보이고 있다. 남성의 23%는 과소비를 부정적인 소비 습관으로 생각하고, 남성의 16%는 과소비가 돈을 갚지 못해 신용 위기로 이어질 수 있다고 생각하며, 또 16%의 남성은 과소비로 개인과 가정의 부담이 커진다고 응답했다. 과소비를 긍정적으로 보는 남성도 일부 있었다. 남성의 21%는 과소비가 원하는 물건을 제때 구매할 수 있도록 도와준다고 답했고, 13%는 과소비가 현재의 경제적 스트레스 해소에 도움이 된다고 답했으며, 11%는 과소비가 삶의 질을 높이는 데 도움이 된다고 답했다.

외모에 관한 소비도 '히코노미'의 중요한 부분이다. 새로운 소비 시대에서 소비는 단순한 기능적 욕구의 충족이 아니라 개인의 미적 스타일과 생활 태도를 담고 있다. 특히 일부 새로운 소비 영역에서 외모로 인한 소비는 더 이상 여성의 전유물이 아니라 남성들이 자신의 취향을 높이고 아름다운 삶을 추구하는 생활 방식이 되어 가고 있다.
남성의 64%는 멋진 몸매를 가꾸기 위하여 헬스를 한다고 하며, 77%는 자신의 용모를 향상시키기 위해 스킨케어 제품을 구입한다고 한다.

앞으로 남성들만을 위한 경제 '히코노미' 시장은 더 뜨거워질 것으로 예상된다.

* 참고 자료
MBA즈쿠(MBA智库), https://www.mbalib.com

여성 경제(She Economy)

1. 개요

여성 경제는 중국어에서 타징지(她经济)로 부른다. 이는 여성을 의미하는 '타(她)'와 '경제(经济)'의 합성어로 여성의 경제라는 뜻을 가진 중국의 신조어다. '여성 경제'는 중국 교육부(教育部)가 2007년 8월 발표한 171개의 중국어 신조어 중 하나다. 여성의 경제적 사회적 지위가 높아지면서 여성 재테크와 소비를 둘러싼 특유의 경제권과 경제 현상이 나타나고 있다.

2. 배경

액센츄어(埃森哲)의 조사에 따르면, 중국의 20~60대 여성 소비자는 약 4억 명에 이르며 연간 소비 지출이 약 10억 위안에 달해 세계 3위의 소비 시장을 형성하고 있다고 한다.

퀘스트모바일(QuestMobile) 데이터에 따르면 2021년 중국의 모바일 인터넷 여성 가입자 규모는 5.47억 명으로, 전년 동기 대비 증가 속도가 남성 가입자보다 높은 것으로 나타났다. 24세 이하 젊은 여성 사용자가 월 170시간 이상 접속하고 1인당 앱 사용 개수가 30개를 돌파하는 등 모바일 인터넷 의존도가 높아지고 있고 36세 이상 여성의 인터넷 접속도 증가 추세에 있다고 한다.

온라인을 통한 소비력이 높아지고, 경제 여건 개선 등으로 젊은 여성들이 더 강한 소비 의욕을 보이고 있다. 퀘스트모바일(QuestMobile) 데이터에 따르면, 2020년 1월 1,000위안 이상을 온라인으로 소비하는 여성은 17.8%, 200~1,000위안을 온라인으로 소비한 여성은 41.5%에 달했다. 온라인을 통한 여성 소비 고객 중 약 33.9%가 24세 이하의 여성이며, 25~35세의 여성은 36.1%를 차지했다.

3. 현황

여성 소비 품목은 다양하며, 연령별 소비 중심은 뚜렷한 차이가 있는 것으로 나타났다. 24세 이하 여성은 연예인 관련 산업, 25~35세 여성은 육아용품, 36세 이상 여성은 육아, 공동구매, 소셜 등의 소비가 중심이 되어 있다.

1) 화장품·스킨케어 용품

외모 중심 소비 경제의 영향으로 화장품 수요가 급격히 늘고 있다. 이미디어 리서치(iMedia Research) 데이터에 따르면, 2020년 11월 중국 메이크업 매출은 전년 동기 대비 26.59% 증가해 131.54억 위안으로 집계됐다. 국민 가처분 소득이 증가하면서 대중들이 외모에 관심이 높아지고, 소셜 미디어 스타의 추천으로 브랜드에 대한 인식을 심화시켰고, 다양한 요인에 힘입어 중국 색조 화장품 시장은 빠른 성장기를 맞고 있다.

화장품 세부 품목별로는 선크림과 에센스가 전년 동기 대비 각각 59%, 34%가 증가했고, 아이 메이크업 제품은 11%, 페이스 메이크업 제품은 10%, 립 메이크업 제품은 3% 증가했다. 스킨케어 브랜드를 보면 글로벌 프리미엄 브랜드가 요즘 여성들에게 더 인기가 많다. 이 중 로레알, 에스티로더, 랑콤이 스킨케어 브랜드 톱 3에 올라 각각 5.4%, 4.6%, 4.4%의 시장 점유율을 차지했다.

2) 액세서리

사회가 발전하면서 금은 액세서리는 더 이상 신분의 상징이 아니다. 이미디어 리서치(iMedia Research) 데이터에 따르면, 현재 중국 소비자들은 골드, 플래티넘 소재의 액세서리를 선호하고 있으며, 디자인이 깔끔한 액세서리가 중국 소비자들에게 인기가 높다.

구매 채널별로는 브랜드 공식 홈페이지 등 온라인 쇼핑이 인기를 끌고 있다. 또 백화점 브랜드 매장과 독립 매장도 소비자들이 많이 찾는 구매 채널로 자리 잡았다.

3) 헤어 케어

이전에는 중국 미용실의 관리 모델이 가족식 관리 위주였지만, 지금은 미용실의 경영 모델이 단일에서 종합으로 변화하고 있다. 형식도 다양해지고 있으며, 미용실의 브랜드는 체인, 가맹의 경영 모델로 발전하고 있다.

특히 빠른 사회 리듬, 업무 스트레스 등으로 탈모 문제는 직장 여성들에게 하나의 공통적 고민으로 자리 잡았다. 탈모방지 제품이 이러한 여성들에게 필수품이 되었다. 또한 중국의 여성 교육 수준이 향상됨에 따라, 여성의 자아 독립 의식이 강해지고, 점점 더 많은 여성들이 적극적으로 취업에 참여하게 되면서, 여성의 소비가 향상되고, 끊임없이 미(美)와 패션을 추구하게 되었다. '여성 경제'는 미용 산업의 급속한 발전에 중요한 추진력을 제공하고 있다.

이미디어 리서치(iMedia Research) 데이터에 따르면, 2019년 말까지 중국 미용 산업 규모는 3,512.6억 위안으로 향후 5년간 중국 미용 산업 시장 규모는 4.6%의 복합 성장을 지속해 2022년에는 시장 규모가 4,000억 위안을 돌파할 것으로 예상된다.

4) 육아용품

현재 Z 세대로 대표되는 새로운 세대들이 점점 엄마 그룹의 주류로 자리 잡고 있고, 새로운 세대 엄마들의 교육 수준과 생활 수준이 이전보다 크게 향상돼 육아 이념, 소비 관념과 소비 행위 등 소비에 대한 새로운 특징이 나타나면서 육아 시장의 업그레이드를 추진할 것으로 보인다.

이미디어 리서치(iMedia Research) 데이터에 따르면, Z 세대 엄마는 임신 준비 단계에서 가장 관심이 많은 상위 5개 제품으로 주로 건강 관련 제품 및 서비스 분야에 집중됐으며 출산 검사 서비스가 80.3%로 가장 많았고, 임신기 영양제 65.9%, 임신기 요가 63.2%로 뒤를 이었다. 사회 발전으로 전반적인 국민 건강 수준이 높아짐에 따라 신세대 엄마 그룹은 아기 건강뿐만 아니라 자기 건강에 대한 관심을 더 많이 보여 준다.

임신 후, Z 세대 엄마는 자신의 음식과 용품에 대한 소비를 늘리기 시작하며, 출산 후에는 음식과 용품에서 자신을 위한 소비액이 출산 전보다 더 많이 증가하는 것으로 나타났다. 특히 용품 분야에서는 출산 후 소비액이 눈에 띄게 늘었다는 응답자가 48.5%나 됐다.

특히 Z 세대 엄마 그룹이 육아 제품을 소비하는 과정에서 가장 먼저 고려하는 요소는 건강과 안전, 품질로 각각 87.9%, 84.8%와 72.7%를 차지했다.

또한, Z 세대 엄마는 영양 보충 1순위라고 하지만 아름다워지기를 포기하지 않았다. 이미디어 리서치(iMedia Research)에 따르면 Z 세대 엄마 그룹이 임신 기간 중 제품별로 소비 빈도에 차이가 있는데 이 중 건강식품이 소비 빈도 1위를 차지해 24.2%의 높은 빈도를 기록했다. 임신 중 화장품의 고빈도 소비자 수는 6.1%로 상대적으로 적었지만, Z 세대의 엄마들은 전반적으로 다른 연령대의 엄마보다 화장품 소비율이 높은 것으로 나타났다.

* 참고 자료
이미디어 리서치(艾媒网), https://www.iimedia.cn
퀘스트모바일(QuestMobile), https://www.questmobile.com.cn

신중산층 경제(New Middle Class Economy)

1. 개요

신(新)중산은 소득과 자산이 안정적이고, 높은 교육 수준, 고품격의 생활 수준과 건전한 취미를 가지고 있고, 의식주 등 기본적인 삶의 욕구를 충족시키는 바탕 위에, 삶의 질과 정신생활에 대한 높은 추구와 높은 소비, 투자 능력을 갖춘 집단을 말한다.

중국어로는 신중찬징지(新中产经济)라고 불린다.

'2021년 신중산 백서'에 따르면 신중산층의 주요 특징은 평균 연령 33.7세로 72%가 대학 학부나 전문대 학력을 갖췄고, 평균 연 소득은 35만 위안, 가계 순자산은 평균 496만 위안, 평균 부동산을 가진 수는 2.4채였다. 이들의 업종 분포는 IT·인터넷 기업 18.8%, 제조업 18.5%, 금융 13.7%, 건설·부동산 10.6%, 정부 부처 및 사업장 8.9%였다. 신중산층의 68%가 직장인이었고 11%가 창업족이었다. 또한, 신중산층의 77%가 결혼했고 69%가 아이를 가지고 있는 것으로 나타났다.

신중산층이 선호하는 제품은 홈웨어, 자동차, 금융 재테크, 헬스, 여행, 뉴스 콘텐츠, 오디오북 등 다양한 분야를 아우른다. 신중산층은 거주, 재테크, 헬스 등 다양한 영역에서 수요를 창출하고 있다.

2. 배경

퀘스트모바일(QuestMobile)에 따르면 2021년 6월까지 중국 신중산층은 전체 인터넷 가입자의 17.6%를 차지해 2.04억 명으로 집계됐다. 이 가운데 30대와 20대가 각각 50.8%, 49.2%를 차지했다. 신중산층이 거주하는 도시 순위는 1위 베이징(北京)으로 903만 명, 그다음이 상하이(上海) 838만 명, 선전(深圳) 692만 명, 광저우(广州) 638만 명, 충칭(重庆) 568만 명, 쑤저우(苏州) 470만 명, 청두(成都) 448만 명, 우한(武汉) 442만 명, 항저우(杭州) 354만 명, 톈진(天津) 345만 명 순으로 나타났다.

3. 현황

신중산층은 다른 계층에 비해 부동산, 자동차 등과 관련 소비에 관심이 높으며, 특히 문화 소비, 건강 소비, 스마트 소비, 자동차 소비 등에서 더 높고 안정적인 수요를 나타냈다.

특히 문화와 관련된 소비가 두드러진다. 이는 신중산층이 지식 비축을 높이려는 경향을 보이고, 지식을 얻기 위해 비용을 지불하겠다는 의사를 나타낸다. 2021년 6월, 영화 공연 업계 앱 MAU(한 달 동안 해당 서비스를 이용한 순수한 이용자 수) 1~3위는 도표표(淘票票) 241만, 다마이(大麦) 147만, 묘안(猫眼) 143만이었고, 디지털 리딩업계 앱 MAU 1~3위는 즈후(知乎) 1,445만, 토마토 무료 소설(番茄免费小说) 1,360만, 화웨이리딩(华为阅读) 1,156만으로 집계됐다. 신중산층의 유료 독서 선택 비율은 이미 22.2%에 달하는 것으로 나타났다. 신중산층이 디지털에 대한 이해도가 높다는 것은 문화 소비 욕구가 더 강하다는 것을 보여 주고, 저작권 인식이 확산되고 있음을 나타낸다.

건강 소비의 측면에서, 신중산층은 건강에 대한 체계적인 관리를 중시한다. 그들은 운동, 다이어트, 미용 방면에서 다양한 욕구를 가지고 있다. 2021년 6월, 신중산층이 사용하는 건강 관련 앱 MAU 1~3위는 헬스와 관련한 Keep 580만, 건강 관리와 관련한 Health 247만, 의료미용과 관련한 신양이메이(新氧医美) 212만 등이다.

신중산층은 시장의 초기 소비자로서 스마트 기기 등 시장 신흥 제품의 중요한 소비층이다. 스마트기기 업계에서는 중국 국산 브랜드가 시장을 굳건히 장악하고 있는 상황에서 스마트 스피커, 스마트 워치 등은 신중산층 생활의 기본이 되어 가고 있다. 2021년 6월 기준 신중산층 스마트기기 업계 앱 MAU 1~3위는 미지아(米家) 1,922만, 화웨이 운동 건강(华为运动健康) 952만, 화웨이 지혜 생활(华为智慧生活) 716만으로 나타났다.

신중산층의 자동차에 대한 높은 소비 수요는 자동차 시장의 서비스 수요에도 나타나고 있다. 자동차 정보, 차주 서비스, 중고차 거래에 이르기까지 신중산층이 중요한 이용자층으로 자리 잡고 있다.

신중산층의 소비관에는 '사치'와 '인색'의 이중적인 면을 가지고 있다. 명품 소비와 동시에 제품의 가성비를 추구하는 경향이 많다. 공동구매 쇼핑몰 핀둬둬(拼多多)는 이미 타오바오(淘宝)에 이어 신중산층이 두 번째로 많이 사용하는 종합 전자 상거래 플랫폼이 됐다. 핀둬둬(拼多多)에 대한 신중산층 그룹의 침투율은 51.1%로 징동(京东)을 앞질렀다. 2021년 모바일 쇼핑 업계 앱 침투율은 각각 타오바오(淘宝) 84.0%, 핀둬둬(拼多多) 51.1%, 징동(京东) 44.1%에 달했다.

* 참고 자료
2021년 신중산 백서
이미디어 리서치(艾媒网), https://www.iimedia.cn
퀘스트모바일(QuestMobile), https://www.questmobile.com.cn

Chapter 2.

중국 기업 및 산업 분야: 10대 키워드

2021년 9월 25일 중국기업연합회와 중국기업가협회가 발표한 '2021년 중국 500대 기업' 명단에 따르면 총 영업 소득은 89조 8,300억 위안으로 지난해 대비 4.43% 증가했으며 순이익은 4조 712억 5,800만 위안으로 지난해보다 4.59% 증가해 규모 면에서 지속적인 성장을 거듭하고 있다.

그중 222개 기업의 영업 소득이 1천억 위안(약 18조 3,300억 원)을 넘었으며 영업 소득이 1조 위안을 돌파한 기업으로는 국가전력망공사(国家电力), 중국석유(中国石油), 중국석유화공(中国石油化工), 중국건축(中国建筑·CSCEC), 중국평안(中国平安), 공상은행(工商銀行), 건설은행(建設銀行), 농업은행(农业銀行)으로 8개로 나타났다.

'500대 기업' 순위권 문턱이 계속 높아져 영업 소득이 392억 3,600만 위안까지 오르며 지난해 대비 32억 7,500만 위안 높아졌다.

순위권에 진입한 기업의 연구 개발 투자액과 연구 개발 강도가 지속적으로 향상되고 있는 것으로 나타났다. 기업의 평균 연구 개발 투자액은 29억 4,300만 위안으로 지난해에 비해 17.95% 증가했으며 평균 연구 개발 강도는 1.77%로 증가하며 중국 500대 기업 평균 연구 개발 강도의 신기록을 기록했다.

영업 소득 최대 기업: 10대 키워드

중국국가전력망공사(国家电力), 중국석유(中国石油, 페트로차이나), 중국석유화공(中国石油化, 시노펙)이 각각 1위, 2위, 3위를 차지했다.

영업 소득이 1천억 위안(한화 약 18조 5,000억) 이상의 기업이 222개로 2020년 217개의 기업에서 5개 기업이 증가했다.

순위	기업명	영업 이익 (만 위안)
1	중국국가전력망공사(国家电网有限公司)	266,766,782
2	중국석유천연가스그룹(中国石油天然气集团有限公司)	195,931,195
3	중국석유화공그룹(中国石油化工集团有限公司)	195,772,455
4	중국건축공정총공사(中国建筑股份有限公司)	161,502,333
5	중국평안보험그룹(中国平安保险(集团)股份有限公司)	132,141,486
6	중국공상은행(中国工商银行股份有限公司)	126,128,136
7	중국건설은행(中国建设银行股份有限公司)	114,475,400
8	중국농업은행(中国农业银行股份有限公司)	106,043,500
9	중국인수보험그룹(中国人寿保险(集团)公司)	99,766,657
10	중국철로공정공사(中国铁路工程集团有限公司)	97,554,878

* 출처: 中企联合网

영업 이익 최대 기업: 10대 키워드

 은행들이 상대적으로 이윤을 많이 낸 것으로 나타났다. 특히 중국의 3대 은행으로 공상은행, 건설은행, 농업은행이 이익을 가장 많이 창출한 것으로 나타났다.

순위	기업명	순이익 (억 위안)
1	중국공상은행(中国工商银行股份有限公司)	3,159.05
2	중국건설은행(中国建设银行股份有限公司)	2,735.79
3	중국농업은행(中国农业银行股份有限公司)	2,159.25
4	중국은행(中国银行股份有限公司)	1,928.70
5	텐센트(腾讯控股有限公司)	1,598.47
6	알리바바(阿里巴巴集团控股有限公司)	1,505.78
7	중국평안보험그룹(中国平安保险(集团)股份有限公司)	1,430.98
8	중국초상은행(招商银行股份有限公司)	973.42
9	차이나모바일(中国移动通信集团有限公司)	891.49
10	교통은행(交通银行股份有限公司)	782.74

* 출처: 中企联合网

연구비 투자 기업: 10대 키워드

연구비에 투자가 가장 많은 기업은 화웨이, 알리바바, 텐센트 순으로 나타났다.

순위	기업명	연구비 (억 위안)
1	화웨이(华为投资控股有限公司)	1,418.93
2	알리바바(阿里巴巴集团控股有限公司)	572.36
3	텐센트(腾讯控股有限公司)	389.72
4	중국항천과학공업그룹(中国航天科工集团有限公司)	344.66
5	중국석유천연가스그룹(中国石油天然气集团有限公司)	318.46
6	차이나모바일(中国移动通信集团有限公司)	295.06
7	중국건축공정총공사(中国建筑股份有限公司)	255.23
8	중국철로공정공사(中国铁路工程集团有限公司)	218.38
9	저장길리그룹(浙江吉利控股集团有限公司)	218.11
10	중국교통건설그룹(中国交通建设集团有限公司)	216.65

* 출처: 中企联合网

500대 기업 분포 지역: 10대 키워드

500대 기업이 가장 많이 분포되어 있는 지역은 베이징으로 93개 기업, 두 번째로 광동성 58개 기업, 세 번째로는 산동성 50개 기업의 순위로 나타났다.

순서	도시	500대 기업 수(개)
1	베이징(北京)	93
2	광동성(广东省)	58
3	산동성(山东省)	50
4	저장성(浙江省)	45
5	장쑤성(江苏省)	43
6	상하이(上海)	33
7	허베이성(河北省)	24
8	푸젠성(福建省)	18
9	쓰촨성(四川省)	14
10	충칭(重庆)	13

* 출처: 中国联合网

민영 기업: 10대 키워드

2021년 9월 25일 중화전국공상업연합회(ACFIC)가 발표한 중국 500대 민영 기업 자료에 따르면 화웨이(华为), 징동닷컴(京东), 헝리(恆力) 그룹이 상위 3개 기업으로 이름을 올렸다. 화웨이는 약 8천 913억 7천만 위안(162조 3천 273억 원)의 매출을 올려 6년 연속 500대 민간 기업과 500대 제조업 민간 기업 1위 자리를 유지했다.

서비스 산업 100대 민간 기업은 징동닷컴이 1위로 나타났다.

500대 민간 기업의 총 매출액은 35조 1천 200억 위안(한화 6천 395조 7천 32억 원)으로 전년보다 16.39% 증가한 것으로 집계됐다.

같은 기간 500대 민간 기업이 채용한 인원은 6.26% 증가한 1천109만 명으로 중국 전체 채용 인원의 1.48%를 차지했다.

올해로 중화전국공상업연합회(ACFIC)에서 23번째로 발표하는 리스트로 올해 조사에는 연 매출 5억 위안(910억 원) 이상인 민간 기업 총 5천 785개가 참여했다.

- 상위 10대 민간 기업 리스트

순위	기업명	성(省)
1	화웨이(华为投资控股有限公司)	광동성(广东省)
2	징동그룹(京东集团)	베이징(北京市)
3	헝리그룹(恒力集团有限公司)	장쑤성(江苏省)
4	정웨이국제그룹(正威国际集团有限公司)	광동성(广东省)
5	알리바바(阿里巴巴集团控股有限公司)	저장성(浙江省)
6	텐센트(腾讯控股有限公司)	광동성(广东省)
7	비구이위안(碧桂园控股有限公司)	광동성(广东省)
8	차이나 반케(万科企业股份有限公司)	광동성(广东省)
9	레전드홀딩스(联想控股股份有限公司)	베이징(北京市)
10	장쑤 중난건설그룹(中南控股集团有限公司)	장쑤성(江苏省)

* 출처: 中华全国工商业联合会, www.acfic.org.cn

시가 총액 최고 상장 기업: 10대 키워드

동팡차이푸왕(东方财富网)에서 발표한 2021년도 '중국 상장 기업 시가 총액 500강(中国上市企业市价500强)' 순위 자료에 따르면 텐센트, 마오타이, 알리바바가 1~3위를 차지하고 있으며, 명단에 오른 500대 기업의 시가 총액 합계는 80조 위안(약 1경 5,052조 원)에 달했다. 이는 전년도 86조 위안(약 1경 6,180조 원)보다 다소 하락한 수치로, 500대 기업 명단의 진입 장벽은 전년보다 더 높아진 것으로 나타났다.

텐센트(腾讯控股)가 3조 5,868억 위안(약 675조 3,227억 원), 구이저우 마오타이(贵州茅台)가 2조 5,752억 위안(약 484조 8,586억 원), 알리바바(阿里巴巴)가 2조 1,083억 위안(약 396조 9,507억 원)으로 순서대로 시총 1~3위를 차지했다.

특히 공상은행(工商银行), 건설은행(建设银行), 초상은행(招商银行), 농업은행(农业银行)과 중국 평안보험(中国平安) 등 금융 기업이 강세를 나타내고 있다.

2021년도 시총 상위 10대 기업 중 닝더스다이(宁德时代, CATL)의 성장 폭이 42.59%로 반도체 호황에 힘입어 크게 성장했다. 닝더스다이는 선전거래소 창업판(创业板)에서 처음으로 시총 1조 위안대에 오른 기업이 되었다.

반면, 알리바바(阿里巴巴)는 당국의 반독점 규제와 앤트 파이낸셜 상장 실패로 1년간 절반 가까운 시총이 날아갔다. 중국핑안(中国平安) 역시 헝다발 부동산 위기에 타격을 입어 시총이 40% 이상 증발했다.

또한 중국 전통 백주 제조업체인 구이저우 마오타이(贵州茅台)의 시총이 알리바바를 능가해 중국에서 화제가 되기도 했다.

순위	증권명	시가 총액 (억 위안)	GICS 업종	지역
1	텐센트(腾讯控股)	35,885	정보 기술	광동
2	마오타이(贵州茅台)	25,752	일상 소비재	구이저우
3	알리바바(阿里巴巴)	20,532	비일상 소비재	저장
4	공상은행(工商银行)	16,502	금융	베이징
5	건설은행(建设银行)	14,651	금융	베이징
6	닝더스다이(宁德时代)	13,705	공업	푸젠
7	중국초상은행(招商银行)	12,285	금융	광동
8	메이투안(美团-W)	11,307	정보 기술	베이징
9	농업은행(农业银行)	10,290	금융	베이징
10	중국평안(中国平安)	9,215	금융	광동

* 출처: 东方财富Choice数据

고성장 산업: 10대 키워드

2021년 중국 경제 매체인 차이징(财經)에서 가장 고성장을 이룬 10대 산업(2021十大扩张行业)을 발표했다. 코로나 발생 이전과 비교를 위하여 기준연도는 2019년 1~3분기이며, 해당 연도 기준은 2021년 1~3분기를 가리킨다.

표준 기업의 선택 방법은 A주 상장사인 중국 선인완궈(申銀万国) 산업 분류를 참고로 작성했으며 해당 산업의 특성을 살리기 위해 사업체의 비중이 작거나 부실기업은 배제되었다.

차이징(財經)은 해당 보고서에서 언급한 '고성장 산업'은 일반적인 인식과 다를 수 있다고 밝히면서, 예를 들어 신에너지 차 산업은 올해 크게 성장한 산업이지만 매출 대비 영업 이익의 성장이 부진해 순위에 들지 못했다. 제지·방산 산업도 각각 70%, 51% 성장했지만 이름을 올리지 못했다고 한다.

바이오 의약품, 의료 기기는 코로나 발생으로 인해 그 수요가 팽창한 데 따른 성장 산업이라고 볼 수 있다. 철강, 화학 원료, 비철금속은 제품 가격 상승으로 인해, 태양광, 리튬 배터리는 환경 보호를 위한 청정 에너지의 대세 전환으로 인해, 반도체 산업은 공급이 수요를 따라가지 못하면서 그 성장이 두드러진다고 볼 수 있다.

- 고성장률 상위 10대 산업

역순	산업 분류	조사 표본 기업 (개)	성장률 (%)	총매출 (억 위안)	총영업 이익 (억 위안)	매출 증가율 (%)	총영업 이익 증가율 (%)	대표 기업
1	철강(钢铁)	36	88	1조 2,483	635	48.7	128	宝钢股份 鞍钢股份 华菱钢
2	화학원료(化学原料)	47	91	2,237	186	19	162.4	中泰化学 卫星化学 三友化工
3	바이오 제약(生物制药)	46	101	492	123	68.2	133.6	智飞生物 长春高新 华兰生物
4	수동 전자부품(被动电子元件)	15	106	171	33	70	142	三环集团 振华科技 风华高科
5	비철금속(有色金属)	132	119	1조 2,961	444	56.4	181	江西铜业 中国铝业 紫金矿业
6	태양광 제조(光伏制造)	40	146	1,643	157	99.2	193.4	隆基股份 通威股份 天合光能
7	의료 기기(医疗器械)	100	154	983	220	96.2	211.7	迈瑞医疗 英科医疗 迪安诊断
8	리튬 배터리(锂电池)	45	163	2,145	174	108.2	217.6	洛阳钼业 宁德时代 欣旺达
9	반도체 직접회로(集成电路与芯片)	71	222	1,193	82	73.7	371.1	中芯国际 长电科技 韦尔股份
10	디스플레이 장치(显示器件)	40	516	2,485	53	89	944	京东方A TCL科技 冠捷科技

* 출처: 澎湃(The Paper), https://www.thepaper.cn

마이너스 성장 산업: 10대 키워드

2021년 중국 경제 매체인 차이징(財經)에서 마이너스 성장을 기록한 10대 산업(2021十大收缩行业)을 발표했다. 코로나 발생 이전과 비교를 위하여 기준연도는 2019년 1~3분기이며, 해당 연도 기준은 2021년 1~3분기를 가리킨다.

표준 기업의 선택 방법은 A주 상장사인 중국 선인완궈(申银万国) 산업 분류를 참고로 작성했으며 해당 산업의 특성을 살리기 위해 사업체의 비중이 작거나 부실기업은 배제되었다.

마이너스 성장을 기록한 대부분의 산업은 코로나와 직간접적으로 영향을 받은 것으로 나타났으며, 양돈, 양계 산업의 경우는 가격 하락과 동시에 사료비 가격이 오르면서 원가가 상승되어 불황을 겪고 있다. 부동산 및 인테리어 시장은 소비자의 수요가 줄어들면서, 교육 및 학원 산업의 정부의 쌍감 정책으로 인해, 슈퍼 및 마트 산업은 소비자의 소비 패턴 변화에 따라 불황을 겪고 있는 것으로 나타났다.

- 마이너스 성장 10대 산업

역순	산업 분류	조사 표본 기업 (개)	성장률 (%)	총매출 (억 위안)	총영업 이익 (억 위안)	매출 증가율 (%)	총영업 이익 증가율 (%)	대표 기업
1	인테리어 조경(装修与园林)	52	-30	1,285	79	-4.4	-56	金螳螂 江河集团 亚厦股份
2	화력 전기(华电)	19	-37	5,017	386	-19.8	-93.8	华能国际 国电电力 华电国际
3	영화, 영상(影视)	27	-42	447	62	-22.2	-61.5	万达电影 中国电影 华策影视
4	양돈, 양계 (养猪, 养鸡)	26	-46	2,221	230	-68	-160	新希望 牧原股份 温氏股份
5	음식, 호텔 (餐饮与酒店)	10	-56	229	26	-24	-88	锦江酒店 江河集团 同庆楼
6	슈퍼, 마트 (商场与超市)	55	-60	6,191	418	-32	-88	苏宁易购 永辉超市 豫园股份
7	여행, 관광 (旅游经典)	25	-84	463	57	-61	-107	中青旅 ST腾邦 岭南控股
8	항공, 공항 (航空与机场)	12	-135	4,176	328	-41	-229	南方国航 中国国航 中国东航
9	교육, 학원 (教育培训)							新东方 好未来 中公教育
10	부동산(房地产)	40	516	2,485	53	89	944	碧桂园万科 中国恒大 龙湖集团

* 출처: 财经十一人,
https://baijiahao.baidu.com/s?id=1718289581980324220

Chapter 3.

중국 경제 지표: 10대 키워드

2022년 1월 17일 중국 국가 통계국에서 발표 자료에 따르면 14.5규획(14.5规划)의 시작 연도인 2021년의 경제 성적표는 이슈가 많고 양호한 시작이었다고 밝히고 있다.

중국 국내 총생산(GDP): 114조 3,670억 위안
(17조 7,000억 달러)

2021년 중국의 국내 총생산은 목표인 6%를 상회해 전년 대비 8.1% 증가로 세계 경제에서 차지하는 비중이 18%로 세계 2위를 차지하고 있다.

1인당 GDP: 80,976위안(1만 2천 달러)

2021년 중국의 1인당 GDP는 미국의 1/5, 일본의 1/3의 수준으로, 아직 선진국의 선에 미치지 못한 개발 도상국으로 매년 선진국 선에 가까워지고 있다.

대외 무역: 39조 1,009억 위안(6조 달러)

2021년 중국의 대외 무역(수출입 총액)은 39조 1,009억 위안으로 전년 대비 21.4% 증가했다. 그중 수출은 21.2% 증가한 21조 7,348억 위안, 수입은 21.5% 증가한 17조 3,661억 위안에 달해 역대 최고치를 달성했다.

신규 취업자: 1천 269만 명

2021년 중국의 신규 취업자 수는 전년 대비 83만 명이 증가한 1천 269만 명으로 전국 도시 실업률 평균치 5.1%로 전년 대비 0.5% 낮아졌다. 목표치인 5.5%보다 나타났다.

고정 자산 투자: 54조 위안

2021년 중국의 고정 자산 투자는 전년 대비 4.9% 증가한 54조 위안으로 첨단 기술 산업 투자가 17.7%로 증가했다.

소비자 물가 지수(CPI): 0.9% 상승

2021년 전국 소비자 물가 지수(CPI)는 전년보다 0.9% 올라 연간 3%대 조절 목표를 성공적으로 완성했다. 양식 가격은 1.1%, 농작물 가격은 5.6% 상승하고 돼지고기 가격은 30.3% 하락했다. 식품과 에너지 가격을 뺀 핵심 CPI는 0.8% 올랐다.

소매 판매액: 44조 위안

2021년 중국 소비자 소매 판매액은 44조 위안으로 전년 대비 12.5% 증가해 경제 성장 기여도가 65.4%에 달했다.

GDP 단위당 에너지 소비량: 2.7% 감소

2021년 중국 GDP 단위당 에너지 소비량은 전년 대비 2.7% 감소했다. 천연가스, 수력, 원자력, 풍력, 태양열 등 그린 에너지 소비 비중은 25.3%로 전년 대비 1% 높아졌으며 그중 신에너지차(NEV, New Energy Vehicle), 태양 전지 생산량이 각각 2020년 대비 145.6%, 42.1% 늘었다.

서비스업 성장률: 13.1%

제3차 산업인 서비스업이 지속적인 증가세에 있고 전년 대비 13.1% 증가한 것으로 나타났다.

공업 생산 성장률: 9.6%

제2차 산업 위주의 공업 생산 산업이 지속적으로 증가하여 전년 대비 9.6% 증가하였다. 광업, 제조업, 전력, 가스, 수산업 등이 비교적 성장세가 좋은 것으로 나타났다.

* 출처: 국가통계국, http://www.stats.gov.cn/tjsj/zxfb

Chapter 4.

중국 GDP 상위 도시: 10대 키워드

중국 통계국 자료에 따르면 효과적인 코로나19 통제로 인해 2021년 중국 경제가 지난해 대비 8.1% 성장, GDP 총량은 110조 위안을 초과하였고 전 세계 GDP에서 차지하는 비중은 계속 높아지고 있다.

중국은 지난해 신에너지 자동차, 인공지능(AI), 클라우드 컴퓨팅, 사물인터넷(IOT) 등 다양한 분야에서 많은 성장을 했다.

2022년 1월 펑파이(澎湃) 매체에서 국가 통계국 자료를 인용하여 보도한 자료에 따르면 중국에서 GDP가 가장 높은 도시는 상하이(上海)로 나타났으며 그다음이 베이징(北京), 선전(深圳)인 것으로 조사되었다.

먼저 상하이와 베이징이 손잡고 4조 원을 돌파했으며, GDP는 각각 4조 3,214억 8,500만 위안, 4조 269억 6,000만 위안에 달한다. 그중 상해 GDP의 실제 증가 속도는 베이징보다 약간 낮지만, GDP 증가량은 베이징보다 347억 위안 많다.

선전은 중국 국내에서 세 번째로 GDP 3조 돌파 도시가 됐다.

- 2021년도 중국 GDP 10강 도시

순위	도시명	2022년 GDP (억 위안)	2021년 GDP (억 위안)
1	상하이(上海)	43,214.85	38,700.58
2	베이징(北京)	40,269.60	36,102.60
3	선전(深圳)	30,000.00	27,670.00
4	광저우(广州)	28,231.97	25,019.11
5	충칭(重庆)	27,894.02	25,002.79
6	쑤저우(苏州)	22,719.34	20,170.50
7	청두(成都)	19,916.98	17,716.70
8	항저우(杭州)	18,109.00	16,106.00
9	우한(武汉)	17,716.96	15,616.00
10	난징(南京)	16,355.33	14,817.95

* 출처: 펑파이(澎湃)

광둥 통계국(广东统计局)에서 발표한 자료에 따르면, 2021년 중국 광둥성의 GDP는 12.4억 위안으로 작년 대비 8%의 성장을 가져왔으며 중국에서 처음으로 12억 위안을 돌파하는 성(省) 지역이 되었다고 한다. 이는 2021년 한국의 GDP를 추월하는 수치이며 중국의 31개 성, 시, 자치구 중 하나인 광둥성이 단일 성으로서 세계 경제 10강 안에 진입했음을 의미한다.

중국의 31개 성(자치구, 직할시)에서 제시한 2022년도 GDP 목표에 따르면 9개의 성이 7% 이상 성장 목표를 제시하였고, 보편적으로 5.5% 이상이며, 평균 6%로 목표를 제시하였다. 중국의 하이난(海南)이 가장 높은 9% 좌우의 목표를 설정했고 시짱(西藏)이 8% 좌우이고 장시(江西), 안휘(安徽)가 7% 이상이며 후베이(湖北), 구이저우(贵州), 윈난(云南)이 7% 좌우, 닝샤(宁夏)와 허난(河南)이 7%이다. 하이난은 자유무역항 건설로 그 성장 속도를 최고로 하고 있다고 볼 수 있다.

중국 통계국 자료에 따르면 중국은 2021년 1인당 국내 총생산은 1만 2,000달러를 넘어섰다고 한다. 중국은 올해 1인당 GDP가 세계은행(WB)이 분류한 고소득 국가(1만 2,696달러) 명단에 이름을 올릴 것으로 낙관하고 있다.

중국 1인당 GDP(1인당 국민 소득)가 가장 높은 지역으로 베이징(北京)이 1위를 차지했으며, 그다음이 상하이(上海), 장쑤성(江苏省) 순으로 나타났다.

베이징의 1인당 평균 GDP는 선진국 수준의 3만 달러에 거의 육박하는 2.85달러(18만 3,963위안)로 나타났다. 2만 달러가 넘는 지역이 세 곳으로 베이징(北京), 상하이(上海), 장쑤성(江苏省)이다.

- 2021년도 중국 1인당 GDP 10강 지역

순위	도시명	2022년 1인당 GDP(위안)	2021년 1인당 GDP(위안)
1	베이징(北京)	183,963	167,640
2	상하이(上海)	173,693	159,385
3	장쑤성(江苏省)	137,270	127,285
4	푸젠성(福建省)	117,303	110,506
5	저장성(浙江省)	113,661	110,450
6	텐진(天津)	113,158	101,687
7	광동성(广东省)	98,518	96,138
8	후베이성(湖北省)	87,054	73,297
9	충칭(重庆)	86,924	80,027
10	네이멍구(内蒙古)	85,369	71,884

* 출처: 펑파이(澎湃)

Chapter 5.

국민 1인당 가처분 소득 및 소비: 10대 키워드

국민 1인당 가처분 소득

　중국 통계청이 2021년 전국 경제 데이터와 전국 31개 성(省)의 2021년 경제 성적표를 발표했다. 중국인 최대 관심사인 2021년 1인당 소득 현황을 보면, 2021년 연간 전국 거주자 1인당 가처분 소득은 3만 5,128위안으로 전년 대비 9.1%, 2년 평균 명목은 6.9% 증가했고, 가격 요인은 실질적으로는 8.1%, 2년 평균 5.1% 증가해 경제 성장과 거의 동조했다. 하지만 31개 성의 경우 주민 1인당 가처분 소득의 차이가 큰 것으로 나타났다.

　2021년과 2020년을 각 성별로 비교해 보면 31개 성 가운데 티베트, 후베이, 저장, 광둥, 충칭, 안후이, 쓰촨, 윈난, 구이저우 등 9개 성이 10% 넘게 올랐다. 이 중 티베트가 15%로 가장 많이 올랐다. 가장 낮은 증가폭은 랴오닝(遼寧)이었지만 7% 성장으로 만만치 않은 증가폭이었다. 2020년에 비해 전국 각 성의 주민 1인당 가처분 소득이 큰 폭으로 증가했다.

　하지만 전국 각 성의 주민 1인당 가처분 소득 격차가 큰 것으로 나타났다. 수입이 가장 높은 지역은 상하이와 베이징으로 각각 7만 8,027

위안, 7만 5,002위안에 달했다. 3위 저장성은 5만 7,541위안으로 1, 2위와의 많은 격차를 보이고 있고, 4위 장쑤성은 4만 7,498위안으로 그 다음이었다. 반면 8위 산동은 3만 5,705위안으로 상하이와 베이징 주민 1인당 가처분 소득의 절반에도 미치지 못했다. 특히 신장, 칭하이, 윈난, 티베트, 구이저우, 간쑤 등 6개 성은 주민 1인당 가처분 소득이 상하이의 3분의 1에도 미치지 못했다. 전국 31개 성의 주민 1인당 가처분 소득을 놓고 보면 성(省)과 성(省) 간의 소득 격차는 여전히 크다.

전국 주민의 소득 격차가 큰 원인은 경제 발전의 불균형 때문으로 31개 성(省) 주민 1인당 가처분 소득의 고저 상황을 보면, 징진지(京津冀) 지역 외에 소득이 높은 성은 기본적으로 중국의 동부, 남동부, 그리고 남쪽에 집중되어 있다. 반면 소득이 낮은 지역은 서부 지역과 남서쪽에 집중되어 있다.

- 1인당 지역별 가처분 소득 10위 지역

순위	지역	1인당 가처분 소득(위안)		상승폭(%)
		2021년	2020년	
1	상하이(上海)	78,027	72,232	8
2	베이징(北京)	75,002	69,434	8
3	저장성(浙江省)	57,541	52,397	10
4	장쑤성(江苏省)	47,498	43,390	9
5	텐진(天津)	47,449	43,854	8
6	광둥성(广东省)	44,993	41,029	10
7	푸젠성(福建省)	40,659	37,202	9
8	산동성(山东省)	35,705	32,886	9
9	랴오닝성(辽宁省)	35,112	32,738	7
10	네이멍구(内蒙古)	34,108	31,497	8

국민 1인당 소비 지출

2021년 전국 주민 1인당 소비 지출은 2만 4,100위안으로 전년 대비 낮은 기준에서 13.6% 증가했고, 가격 요소를 제외하면 12.6% 증가했다. 돈을 가장 잘 버는 지역은 상하이(上海), 징진지(京津冀), 저장성(浙江省)의 3개 지역으로 2021년 4/4분기 동안, 상하이 주민 1인당 소비 지출은 4만 8,879위안, 베이징 4만 3,640위안, 저장 3만 6,668위안이었다. 그 밖에 톈진, 광둥성, 장수성, 푸젠성, 충칭의 5개 지역이 소비 지출이 가장 높은 것으로 나타났다.

- 2021년 4/4분기 1인당 평균 소비 지출 금액 10위 지역

순위	지역	1인당 평균 소비 지출 금액(위안)
1	상하이(上海)	48,879
2	베이징(北京)	43,640
3	저장성(浙江省)	36,668
4	톈진(天津)	33,188
5	광둥성(广东省)	31,589
6	장수성(江苏省)	31,451
7	푸젠성(福建省)	28,440
8	충칭(重庆)	24,598
9	후베이성(湖北省)	23,846
10	랴오닝성(辽宁省)	23,831

각 지역의 각 부서가 코로나19 방역과 민생 보장을 총괄적으로 추진하고, 각종 민생 보호를 위한 정책들이 지속적으로 효과를 보임으로써 주민들의 기초 생활 소비를 더욱 빠르게 증가시키고 있다고 한다.

이 중 2021년 전국 주민 1인당 식품과 술·담배 지출은 2년 평균 8.6% 증가해 전체 소비 지출보다 빠른 2.9%포인트로 2019년의 0.6%포인트보다 빠른 증가율을 보였다.
특히 2021년 전국 거주자 엥겔 계수는 29.8%로 전년보다 0.4%포인트 하락했다.
서비스적 소비 지출의 회복 성장으로 2021년 국민 1인당 서비스성 소비 지출은 10,645위안으로, 전년 대비 증가하였다.
1인당 서비스성 소비 지출이 주민 소비 지출에서 차지하는 비중은 44.2%로 전년보다 1.6%포인트 상승했지만 2019년보다는 1.7%포인트 낮아졌다. 1인당 음식 서비스 지출 38.0% 증가, 1인당 교통 통신 서비스 지출 9.5% 증가, 1인당 헬스케어 서비스 지출은 18.7% 증가했다.

내구 소비재 보유량이 계속 증가 추세에 있으며 2021년 전국 주민의 100가구당 자동차 보유량은 41.8대로 전년 대비 12.4% 증가하였다. 100가구당 세탁기 보유량은 10.7% 증가한 98.7대로, 100가구당 냉장고(캐비닛) 보유량은 103.9대로 2.0% 증가, 100가구당 에어컨 보유량은 131.2대로 11.4% 증가, 휴대전화 100가구당 보유 대수는 259.1대로 2.1% 증가했다.

* 출처: 중국 국가 통계국(国家统计局)

Chapter 6.

중국 대외 수출입 무역: 10대 키워드

중국 국가통계국에서 발표한 2021년 중국 상품 무역 수출입 자료에 따르면 2021년 중국의 상품 수출입이 빠르게 증가하고 무역 구조가 지속적으로 최적화되었다고 한다.

자료에 따르면 2021년 한 해 중국의 대외 무역 총액은 39조 1,000억 위안에 달하며 전년 동기 대비 21.4%나 급등하여 수출입 무역액이 다시 최고를 기록했다. 중국의 대외 수출은 전년 동기 대비 21.2% 늘어난 21조 7,300억 위안, 수입액도 21.5% 증가한 17조 3,700억으로 나타났다.

중국의 5대 교역국인 아세안(ASEAN), 유럽연합(EU), 미국, 일본, 한국에 대한 중국의 수출입은 전년 동기 대비 각각 19.7%, 19.1%, 20.2%, 9.4%, 18.4% 증가했다.

특히 코로나19가 여전히 전 세계 경제를 강타하고 있는 가운데, 중국은 무역 규모 면에서나 국제 시장 점유율 방면에서 모두 진전을 보이고 있다. 한편 글로벌 시장 점유율은 2021년 1~3분기 수출액이 세계 15%를 차지했고, 수입액도 12.1%로 사상 최대치를 기록했다. 하지만, 현재 중국 경제가 수요 감소, 공급 충격, 약세 전망 등 삼중고에 직면해 있고, 코로나19 상황이 장기화되면서 국제 수요의 회복세가 둔화되는 등 중국 대외 무역이 직면한 불확실성과 불균형 요인이 여전히 많은 것으로 나타나고 있다.

대외 무역 수출입 총액이 1조 위안을 넘는 도시는 상하이(上海)가 1위를 차지했으며 그다음이 선전(深圳), 베이징(北京), 쑤저우(苏州), 동관(东莞), 광저우(广州), 닝보(宁波)의 7개 도시이다.

수출 총액에 있어서는 선전(深圳)이 1위를 차지하고 있고 그다음이 상하이(上海), 쑤저우(苏州), 닝보(宁波), 동관(东莞), 광저우(广州)의 순으로 나타났다.

특히 베이징(北京)이 전년 대비 수출에 있어서 큰 성장을 나타낸 것으로 나타났다.

주목할 만한 점은 광동성 주강 삼각주 지역의 선전(深圳), 동관(东莞), 광저우(广州), 포산(佛山)의 네 곳이 수출 규모 톱 10 안에 포진하고 있다는 것이다.

- 2021년도 주요 도시 수출입 현황

순위	도시	수출 총액 (억 위안)	전년 대비 수출 총액 성장폭(%)	수출입 총액 (억 위안)	전년 대비 수출입 총액 성장폭(%)
1	선전(深圳)	19,263.4	13.5	35,435.6	16.2
2	상하이(上海)	15,718.7	14.6	40,610.4	16.5
3	쑤저우(苏州)	14,875.8	15.0	25,332.0	13.5
4	동관(东莞)	9,559.8	15.4	15,247.0	14.6
5	닝보(宁波)	7,624.3	19.0	11,926.1	21.6
6	광저우(广州)	6,312.2	16.4	10,825.9	13.5
7	베이징(北京)	6,118.5	31.2	30,438.4	30.6
8	진화(金华)	5,326.3	15.5	5,880.1	20.8
9	충칭(重庆)	5,168.3	23.4	8,000.6	22.8
10	포산(佛山)	5,007.4	21.2	6,160.7	21.7

* 출처: 중국해관(中国海关)

Chapter 7.

중국 디지털 마케팅: 10대 키워드

    코로나 팬데믹과 4차 혁명 시대, ICT 분야의 급격한 발전에 따라 비즈니스 마케팅 구조에 엄청난 변화를 가져왔다. 특히 모바일 등을 이용한 새로운 마케팅 혁명이 이루어지고 있다. 기존 마케팅의 구조는 생산자가 대리상이나 판매상을 통한 전통적 마케팅 방식이었다면 지금은 생산자가 인터넷 매체나 인플루언서(중국 왕훙) 등을 이용한 직접적인 디지털 마케팅 형태가 주류를 이루고 있다.
    디지털 마케팅이 대중화되면서 유통 시스템도 크게 바뀌어 기존 무역상, 대리상, 판매상들이 그 자리를 점점 잃어 가고 있다.

    소비자의 니즈가 갈수록 다양화, 세분화, 전문화되는 과정에서 디지털을 이용한 마케팅은 현재 중국에서 가장 대중화, 보편화된 마케팅의 전략으로 자리 잡고 있으며, 미치는 영향력 또한 상상 이상의 수준으로 비즈니스 마케팅의 대명사로 주요 마케팅의 수단으로 자리매김하고 있다.

    또한 중국 디지털 광고 시장 규모 역시 매년 증가하고 있다. 2021년 중관촌 온라인 마케팅 실험실(中关村互联网实验室)의 '2021년 중국 인터넷 광고 통계 보고서(2021年中国互联网广告数据报告)'에 따르면 2021년 중국 온라인 광고 시장은 반독점법 등 플랫폼 규제로 인해 다소 그 성장세가 둔화되었음에도 불구하고 5,435억 위안의 시장 규모를 가지고 있으며 전년 대비 9.32%의 성장을 가져왔다고 한다.

전자 상거래 플랫폼을 통한 광고가 36.75%로 가장 높았으며, 그다음이 동영상 플랫폼을 이용한 광고가 전년 대비 3.5% 성장한 21.66%의 점유율을 차지하였고 3위는 검색 포털 사이트로 10.43%, 4위 SNS로 9.77%, 5위 뉴스로 8.73%를 차지했다.

온라인 디지털 광고 매출 1위 기업은 전자 상거래 플랫폼의 대명사인 알리바바(29%), 2위는 쇼트 클립 비디오 동영상 플랫폼인 도우인으로 한국에서는 틱톡으로 서비스를 제공하고 있는 바이트 댄스(21%), 3위는 중국의 대표적인 소셜 미디어 플랫폼인 위챗의 모기업인 텐센트(15%), 4위는 중국의 국민 검색 포털 서비스인 바이두(13%)로 조사되었다.

* 출처: 中国日报网,
https://baijiahao.baidu.com/s?id=1721924049811754985

- 중국 대표적인 디지털 마케팅 10대 플랫폼

순위	분류	중문	형태	비고
1	타오바오	淘宝	종합 쇼핑몰	전자 상거래 플랫폼
2	징동	京东	종합 쇼핑몰	
3	핀둬둬	拼多多	공동 구매 쇼핑몰	
4	도우인	抖音	Short 클립 스트리밍	동영상 스트리밍 플랫폼
5	콰이쇼우	快手	Short 클립 스트리밍	
6	비리비리	哔哩哔哩	Long & Middle 클립 스트리밍	
7	시마라야	喜马拉雅	오디오 스트리밍	오디오 플랫폼
8	웨이신	微信	SNS 및 공식 계정, 미니 프로그램	SNS 플랫폼
9	웨이보	微博	블로그	
10	바이두	百度	검색 포털 사이트	검색 포털 사이트

[참고] 중국의 디지털 마케팅 플랫폼 현황

1. 전자 상거래 플랫폼을 통한 마케팅
   타오바오(淘宝), 징동(京东), 핀둬둬(拼多多)

2. 동영상 및 오디오 스트리밍 플랫폼을 통한 마케팅
   Middle & Long Term 스트리밍 플랫폼: 비리비리(哔哩哔哩),
   아치이(爱奇艺), 요쿠(优酷), 텅쉰스핀(腾讯视频),
   하오칸스핀(好看视频), 시과스핀(西瓜视频)
   Short Term 스트리밍 플랫폼: 도우인(抖音), 콰이쇼우(快手)
   Audio 스트리밍 플랫폼: 시마라야喜马拉雅

3. SNS를 통한 마케팅
   웨이신(微信): 위챗 메신저, 공식 계정, 미니 프로그램

웨이보(微博): 블로그
　　샤오홍수(小红书): 패션·미용 등에 특화된 플랫폼

4. 검색 포털 사이트를 통한 마케팅
　　바이두(百度): 중국의 가장 대표적인 검색 포털 사이트
　　그 외 선마(神马), 소고우(搜狗), 360검색(360搜索)

Chapter 8.

중국의 디지털 플랫폼 기업: 10대 키워드

디지털 플랫폼 기업은 발표 시간과 발표하는 기관에 따라 약간의 차이가 있기는 하지만 대동소이하다.

중국 디지털 플랫폼은 현재 진행형으로 예측이 힘들 만큼 그 속도가 빠르다.

얼마 전까지 소위 BAT라고 일컬어지는 바이두(Baidu), 알리바바(Alibaba), 텐센트(Tencent)를 제치고 신흥 강자로 바이트 댄스(Byte Dance)가 바이두의 'B'자리를 대신하여 중국 디지털 플랫폼 기업의 3강 구도를 형성하고 있다.

10대 디지털 플랫폼 기업은 5곳이 베이징에 그 본사를 두고 있고 상하이, 광저우, 선전, 항저우의 1선 도시에 그 분포가 집중되어 있다.

중국 Maigoo(买购网)에서 조사한 2022년 상반기 중국 10대 플랫폼 기업 명단은 아래와 같다.

순위	기업명	중문명	주요 업종	창립연도	창립자	본사 소재지
1	텐센트 (Tencent)	腾讯	메신저, 온라인 미디어, 게임, 핀테크 등 종합적 인터넷 서비스 업체 위챗, 위챗페이 등	1998	마화텅 (马化腾)	선전(深圳)
2	알리바바 (Alibaba)	阿里巴巴	전자 상거래 및 종합적 인터넷 서비스 업체 타오바오 등	1999	마윈 (马云)	항저우(杭州)
3	바이트댄스 (Bite Dance)	字节跳动	뉴스 서비스 앱 진르토우탸오와 쇼트 비디오 플랫폼 틱톡	2012	장이밍 (张一鸣)	베이징(北京)
4	메이퇀 (MeiTuan)	美团	생활 서비스 플랫폼, 중국판 배당의 민족 메이퇀	2010	왕싱 (王兴)	베이징(北京)
5	징동 (JingDong)	京东	전자 상거래 전문 쇼핑몰 징동	1998	류창둥 (刘强东)	베이징(北京)
6	앤트 그룹 (Ant Group)	蚂蚁集团	알리바바의 핀테크 계열사 즈푸바오(Alipay)	2014	마윈 (马云)	항저우(杭州)
7	넷이즈 (Net Ease)	网易	검색 포털, 이메일, 게임, 전자 상거래 서비스 업체 왕이	1997	딩레이 (丁磊)	광저우(广州)
8	샤오미 (XIOMI)	小米	스마트폰 및 스마트 전자기기 생산업체 샤오미	2010	레이쥔 (雷军)	베이징(北京)
9	핀둬둬 (Pinduoduo)	拼多多	공동구매형 전자 상거래 쇼핑몰 핀둬둬	2014	황징 (黄峥)	상하이(上海)
10	디디추싱 (DIDI)	滴滴出行	차량 공유 서비스 플랫폼 디디추싱	2012	청웨이 (程维)	베이징(北京)

* 출처: Maigoo(买购网), https://www.maigoo.com/maigoo/544wlfwindex.html

Chapter 9.

중국의 유니콘(Unicorn) 기업: 10대 키워드

후룬연구원(胡润研究院) 자료에 따르면 중국 유니콘 기업의 순위는 한국 사람에게 틱톡(TikTok)의 모회사로 알려진 바이트댄스(字节跳动)가 1위 자리를 지키고 있으며, 알리바바 그룹의 마이그룹(蚂蚁集团), 차이냐오(菜鸟)가 나란히 2위와 3위, 징동과기(京东科技)가 4위로 그 순위에 이름을 올리고 있다.

순위	기업	평가액 (억 위안)	지역	업종	설립연도	대표자
1	바이트댄스 (字节跳动)	22,500	베이징	소셜 미디어	2012	장이밍(张一鸣)
2	마이그룹 (蚂蚁集团)	10,000	항저우	핀테크	2014	징셴둥(井贤栋)
3	차이냐오네트워크 (菜鸟网络)	2,200	항저우	물류	2013	통원홍(童文红)
4	징동테크(京东科技)	2,000	베이징	디지털 테크놀로지	2013	천성창(陈生强)
5	위뱅크(微众银行)	2,000	심천	핀테크	2014	구민(顾敏)
6	Shein	1,300	광저우	전자 상거래	2008	쉬양톈(许仰天)
7	샤오홍수(小红书)	1,300	상해	소셜 네트워크	2013	마오원차오(毛文超), 취팡(瞿芳)
8	DJI(大疆)	1,000	심천	드론	2006	왕타오(汪滔)
9	원기삼림(元气森林)	950	베이징	식음료	2016	탕빈선(唐彬森)
10	센트타임(商汤科技)	770	베이징	인공지능	2014	탕샤오어우(汤晓鸥), 쉬리(徐立), 왕샤오강(王晓刚), 쉬빙(徐冰), 양판(杨帆)

* 출처: 후룬연구원(胡润研究院)

후룬연구소가 발표한 '글로벌 유니콘 지수'에 따르면 2022년 중국 유니콘 기업 수는 301개로 2021년 대비 74개가 증가한 세계 2위인 것으로 조사되었다.

지역적으로는 29개의 성과 시에 분포되어 있는데 베이징, 상하이, 항저우, 선전 지역에 약 70%의 유니콘 기업이 위치하고 있어 지역적으로 편중화되어 있는 현상을 나타내고 있다.

[참고] 용어 설명
1. 스타트업(Startup)
   초기 창업 기업으로 즉 사업을 개시한 날로부터 3년이 지나지 않은 기업
   스타트업으로 출발한 한국의 대표 기업으로는 쿠팡, 야놀자, 위메프, 쏘카 등이 있다.

2. 미니콘(迷你兽公司, Minicorn) = 100만 달러
   설립 10년 이하의 스타트업, 기업 자산 가치 100만 달러 이상인 기업
   기업 가치 100만 달러(10억)를 넘기면 '미니콘(Minicorn)'이다.
   시리즈 A인 시드 투자를 받은 스타트업이라면 대부분 미니콘을 넘긴다.

3. 수니콘(准独角兽 or 潜力兽, Soonicorn) = 1억 달러
   설립 10년 이하의 스타트업, 기업 자산 가치 1억 달러 이상인 기업
   차세대 유니콘을 뜻하는 '수니콘(Soonicorn)'도 있다.
   '곧(Soon)' 유니콘이 될 기업이라는 말이다.
   한국에선 중소벤처기업부가 미니콘과 수니콘을
   각각 '아기 유니콘'과 '예비 유니콘'으로 명명했다.

4. 유니콘(独角兽公司, Unicorn) = 10억 달러
   설립 10년 이하의 스타트업, 기업 자산 가치 10억 달러(1조(KRW)) 이상인 기업
   유니콘은 신화 속에서 등장하는 이마에 뿔이 하나 달린 말처럼 생긴 전설 속의 동물로 스타트업이 상장하기 전에 기업 가치가 1조 원 이상 되는 것이 유니콘처럼 상상 속에서나 존재할 수 있다는 의미로 사용됐다. 2013년 여성 벤처 투자자인 '에일린 리(Aileen Lee)'가 처음 사용했다. 중국어로는 '独角兽公司(dújiǎoshòu)'라고 불린다.

   2021년 현재, 전 세계 유니콘 기업은 700여 개로, 중국이 251개로 집계, 그리고 한국은 15개로 집계되었다.

   대표적 기업: 미국의 우버, 에어앤비. 중국의 샤오미, 디디추싱, 한국의 쿠팡

5. 데카콘(十角兽公司, Decacorn) = 100억 달러
   설립 10년 이하의 스타트업, 기업 자산 가치 100억 달러 이상인 기업
   최근 유니콘보다 열 배나 큰 데카콘(Decacorn)이 속속 등장하고 있다. 데카콘은 초거대 스타트업을 가리키는 신조어다. 기업 공개(IPO, Initial Public Offering) 전 기업 가치가 100억 달러($10 Billion)를 넘어선 스타트업을 지칭한다.
   '유니(Uni)'와 '데카(Deca)'는 각각 '礗'과 '襪'을 뜻하는 접두사다. 중국어로는 '十角兽公司(shíjiǎoshòu)'라고 불린다.

6. 헥타콘(百角兽公司, Hectocorn) = 1,000억 달러
   설립 10년 이하의 스타트업, 기업 자산 가치 1,000억 달러 이상인 기업
   100을 뜻하는 '헥토(Hecto)'와 유니콘이 결합된 말로 데카콘의 10배, 유니콘의 100배로 틱톡을 운영하는 중국의 바이트댄스가 작년 6월 전 세계 최초 헥토콘에 등극했다.

Chapter 10.

2022년 중국 경제 전망: 10대 키워드

펑파이(澎湃) 매체의 '2022년 거시 경제 10대 추세 전망'에 따르면 2022년 중국 경제는 하방 압력에 직면할 것으로 보이나, 경제 발전의 기회가 더 크고, 다양한 개혁이 계속 심화할 것으로 예측하면서, 2022년은 5.2%의 경제 성장을 가져올 것으로 예상하고 있다.

2022년 거시 경제 10대 추세 전망(2022年宏观经济十大趋势展望)
 ① 코로나 발생과 방역 대책이 경제 회복의 리듬을 결정하는 요소
 ② 소비자 물가 지수(CPI), 생산자 물가 지수(PPI) 격차 조절 및 인플레이션 압박으로부터 통제 가능
 ③ 소비 회복 및 국산품 급부상
 ④ 과학 기술 혁신과 그린 산업 전환 및 제조업 투자 급신장
 ⑤ 부동산의 지속적 통제 및 부동산 시장이 안정화 핵심 정책 목표
 ⑥ 수출 증가 속도 둔화와 무역 흑자 축소
 ⑦ 외국인 투자 높은 순위 유지 및 대외 투자 안정적 성장
 ⑧ ESG(환경, 사회, 지배구조) 주목도 증가 및 탄소 저감 조치의 체계적, 제도적 강화
 ⑨ 공급 사슬의 배치를 더욱 중시하고 강인성과 위험에 대처하는 능력 중시
 ⑩ 글로벌 경제 회복 불균형에 따른 국가별 경제 분화
  * 출처: 펑파이신문(澎湃), https://m.thepaper.cn/baijiahao15911038

PART 2.
사회, 문화: 100대 키워드

Chapter 1.

중국 사회적 이슈: 10대 키워드

'코로나19'가 2020년 전 세계로 확산된 후, 2022년 현재, 역시 여전히 사회적으로 가장 큰 이슈로 남아 있다. 한편으로는 '인류 운명 공동체'를 중시하게 만들었고, 다른 한편으로는 전 세계를 디지털화로 가속화시켰다. 효과적인 백신 개발 및 접종이 가장 시급한 최우선 과제였으며, 코로나19로 인한 바이오, 제약 등 의학의 발전은 새로운 시사점을 던져 주고 있다.

중국 역시 코로나 방역에 국가의 전 행정력을 집중하고 있다. 2021년 12월 기준, 전국적으로 백신 접종을 마친 사람이 11억 명을 넘어 세계 1위를 기록했다고 한다. 중국은 중국국약(中国国药, 시노팜)과 커싱(科兴, 시노백) 백신이 세계 보건 기구의 긴급 사용 리스트에 올랐고, 대규모 접종 및 철저한 관리를 통해 코로나 확산을 억제하고 있다.
2021년은 중국 공산당이 1921년 창당된 후 100년이 되는 해로 국가 차원에서 대대적인 '중국 공산당 창립 100주년 경축 대회'가 7월 1일 거행되었다.
언론 자료에 따르면 100년 동안 중국 공산당은 단결하여 중국 인민의 모든 투쟁과 모든 희생과 모든 창조를 이끌어 왔으며, 중화 민족의 위대한 부흥이라는 하나의 주제로 귀결되어 있다. 중국의 운명이 인류 전체의 운명과 직결되어 있음을 반영하여 중국 공산당이 중국을 민족

부흥으로 이끌고 있는 것은 물론 자국의 발전에 중요한 역할을 하고 있다는 것이다. 첫 번째 백년의 목표인 샤오캉 사회의 완성을 이루었으며 두 번째 목표인 사회주의 현대화 강국 건설로 가는 힘찬 여정에 있으며, 샤오캉 사회 건설의 완성은 국가의 부강과 중화 민족은 부흥, 인민의 행복을 위한 현대화의 과정임을 강조했다.

이런 맥락과 같이하여 2021년 중국의 가장 큰 화두는 '공동 부유'가 아닐까 생각한다. 국가 정책의 종착이 공동 부유를 향하고 있다고 해도 과언이 아니다.

공동 부유는 중국 전체 인민의 부유함이며, 인민의 물질생활과 정신생활의 부유함이며, 소수자의 부유함이 아니고 천편일률적인 평균 주의도 아니며 공동 부유도 단계적으로 추진되어야 한다고 한다. 공동 부유는 인민이 함께 잘살자는 의미로 함축을 할 수 있는데 고소득을 올리는 개인이나 기업이 더 많은 부를 사회에 환원함으로써 공동의 부를 촉진시키고 인민이 같이 부유한 삶을 누리고 사회주의 핵심 가치관을 강화하며 인민 대중들의 다양한 문화에 대한 욕구를 충족시킬 수 있다고 볼 수 있다. 빅테크 기업에 대한 반독점법, 인기유명인의 탈세에 대한 벌금, 쌍감 정책 등 일련의 정책이 공동 부유와 맞닿아 있다고 볼 수 있다.

중국은 신중국 건국 100주년인 2049년에 도달해야 하는 '사회주의 현대화 강국 건설'이라는 중국 국가의 백년대계를 이끌어 가는 큰 과정 속에서 공동 부유의 실현을 위한 당연한 과정으로 가고 있는 것이다.

또한 2021년은 중국이 WTO에 가입한 지 20년이 되는 해로 중국은 2001년 WTO 가입 이래 큰 성장을 가져왔다. 지난 20년 동안 중국의 경제 규모는 세계 6위에서 2위로, 상품 무역 규모는 6위에서 1위로, 서비스 무역 규모는 11위에서 2위로 올라 그야말로 세계 2대 경제 대국으로 발돋움했다. 현재 중국은 세계 120개가 넘는 국가 및 지역과 무역 파트너십을 유지하고 있다.

2021년 다사다난했던 한 해였지만 중국 국내에서 언론 매체나 국가적으로 가장 큰 10대 이슈를 정리해 보면 아래와 같다.

쌍탄(双碳)

중국은 2020년 9월, '30, 60 쌍탄(双碳, 탄소피크, 탄소 중립) 전략'을 통하여 2030년까지는 이산화탄소 배출 정점(碳达峰)을 찍고, 2060년까지 탄소 중립(碳中和)을 실현하는 목표를 선언하고 본격적인 탄소 중립을 추진하고 있다.

2021년은 쌍탄 목표를 실행하는 원년으로 정부 기관에서는 연이어 탄소 중립과 관련된 각종 계획들을 발표했으며, 탄소 배출 감소와 대체 청정 에너지 개발, 저탄소를 통한 경제 발전을 추구하고 있는 동시에 '중화인민공화국 에너지법', 'CCUS 관리 방법' 등 정책적 입안을 통해 탄소 배출에 대해 엄격하게 관리 감독을 시행하고 있다.

'2030년까지 탄소 배출 정점'이라는 정부 업무 보고서가 명시되면서 산업 구조 조정, 에너지의 효율적 관리, 에너지의 청정화 및 전기화를 통한 이산화탄소 배출 억제 등 녹색 성장이 보다 실질적인 차원으로 강조될 것으로 보인다.

　탄소 중립을 통해 실현되게 될 '녹색 성장'으로 새로운 수요가 만들어지고, 새로운 산업이 생겨남으로써 새로운 기회가 생길 것이라고 긍정적으로 평가했다.

[참고] 탄소 중립(碳中和, Carbon Neutral)
이산화탄소를 배출한 만큼 이산화탄소를 흡수하는 대책을 세워 이산화탄소의 실질적인 배출량을 '0'으로 만든다는 개념이다.

쌍감(双减)

　2021년 7월 24일 중국 공산당 중앙판공청·국무원 판공청은 '의무 교육 단계 학생 숙제 부담과 사교육 부담 해소를 위한 의견'을 발간했다. 2021년 10월 전인대는 의무 교육 단계 가중을 피할 수 있도록 감액과 명확한 입법을 하겠다고 밝혔고 11월 3일에는 시장감독총국 등 8개 부처에서 '과외 교육 광고 통제에 관한 통지'를 통해 지하철, 버스 승강장 등의 광고판에 과외 교육 광고를 게재하는 것을 강력히 차단한다고 발표했다.

　쌍감(双减) 정책은 의무교육 단계 학생들의 숙제와 사교육비 부담을 줄이는 두 가지의 기본 정책(指要有效减轻义务教育阶段学生过重作业负担和校外培训负担)으로 쌍감 정책으로 인해 중국의 사교육계 시장이 그야말로 폭탄을 맞은 한 해가 되었다.

　재신망(财新网)에 따르면 '쌍감 정책'으로 인해 베이징의 무허가 오프라인 사교육 기관은 98% 급감했으며, 기존 기타 사교육 기관도 60% 급감한 것으로 나타났다. 상하이의 의무 교육단계의 사교육 기관도

21.73% 줄어들면서 관련 종사자 3만 5천여 명이 일자리를 잃었다고 한다. 사교육 기관의 빈자리를 방과 후 공교육으로 채우고 있다.

중국의 출생률 감소와 부동산 문제를 동시에 해결하기 위해 나온 쌍감 정책은 사교육비는 중국은 이미 130조가 넘는 시장이 형성되어 있고 좋은 학군에 위치한 지역의 부동산 가격이 폭등하는 등 빈부격차가 심화되는 상황에서 공동 부유 실현을 위하여 중국 정부가 취한 조치이다. 교육의 공익성을 살리고 교육의 본진을 학교로 되돌려 효율적이고 고품질의 교육 체제를 구축하려는 목적을 가지고 있다.

쌍감 정책 시행 이후 교육부와 관련 부처는 모두 16개의 부속 문서를 만들어 세부적으로 교사 관리, 교재 및 인력 관리 등의 정책을 실시하고 있다.

학생들의 등·하교 시간이 조정됨에 따라 시간적 여유가 생겼고, 기계적이고 반복적인 숙제의 굴레에서 벗어남으로써 경제적 부담도 해소되고 있다.

쌍순환(双循环)

쌍순환(Dual Circulation) 전략은 중국 공산당의 핵심 권력 기구인 중앙위원회가 2020년 10월 19기 5차 전체 회의(19기 5중전회)에서 국가 경제 발전 계획으로 제시된 전략이다. 5중 전회 이후 각 부처에서 각종 정책들을 속속 발표하고 있다. 쌍순환 전략은 제14차 5개년(2021~2025년) 경제 개발 계획의 핵심이라 할 수 있다. 대외적으로 수출 및 개혁을 지속하면서, 대내적으로 내수를 성장, 활성화시켜 내순환(국내 시장)과 외순환(국제 시장)이 유기적으로 순환 가능하도록 만드는 전략이다. 2021년은 쌍순환 전략의 기초가 되는 원년이었다.

[참고] 제14차 5개년 규획과 2035년 장기 목표
2020년 10월, 19기 5중전회(10월 26~29일)에서 발표된 '국민경제 사회 발전 제14차 5개년 규획과 2035년 장기 목표에 대한 건의'의 주요 내용은 다음과 같다. '국민 경제 사회 발전 제14차 5개년 규획'의 경제 정책은 대내적으로 중국 경제의 안정적 성장과 질적 제고를 도모하고, 대외적으로는 미·중 갈등 심화와 장기화에 대응하여 대외 리스크를 줄이는 것을 목표로 하는 중장기 발전 전략과 정책을 포함하고 있고 '2035년 장기 목표에 대한 건의'에서는 2035년까지 과학 기술 자주 혁신, 산업 구조 고도화, 녹색 성장, 문화 소프트 파워 강화, 국방 현대화, 국민의 삶의 질 제고 등 종합적인 국가역량을 키워 혁신형 선진국 대열에 합류하겠다는 목표를 제시하고 있다.

반독점(反垄断)법

2021년 초 중국 국가시장감독총국은 2008년 시행된 '반독점법'의 수정 초안을 발표했다. 반독점법은 기업들이 담합이나 제휴를 통해 시장에서 독점적 지위를 행사하며 시장 내 경쟁을 교란하거나 저하시킬 경우 해당 행위를 규제하는 법률로 빅테크 기업들의 권력 남용에 재제를 가하고 공정한 거래가 이루어지도록 하는 것이다.

인터넷을 기반으로 하는 기업들이 급성장을 하면서 여러 가지 부작용이 나타나게 되었다. 기업들이 담합, 제휴 등을 통해 사실상 시장에서 독점적 시위를 행사하며 독과점, 합병 등 불공정 행위와 사회 불안을 야기시켰다.

2021년 상반기 알리바바(阿里巴巴)는 양자택일 독점 행위인 경쟁업체와 거래를 하지 못하도록 강요하고 입점 규칙과 검색 알고리즘 등을 악용한 것이 독점을 금지한 현행 반독점법 위반에 해당된다고 판단되어 182.28억 위안(한화 약 3조 1,111억 원)의 벌금을 부과받았으며 하반기에도 같은 이유로 34억 4,200만 위안의 벌금을 물게 되었다. 이는 중국이 반독점법 시행 이후 부과한 최대 규모의 벌금이다.

또 텐센트, 메이퇀 등 여러 디지털 플랫폼 기업에 대한 반독점법 위반에 대한 벌금 부과가 계속 이어지고 있다.

반독점법 규제는 2022년에도 상시적, 체계적, 지속적으로 유지되어 시장의 장벽을 허물 수 있을 것으로 긍정적 시각에서 바라보고 있다.

우주굴기(太空军备)

2021년 4월 29일 톈궁(天宫) 우주 정거장의 첫 모듈인 '톈허(天和) 핵심 모듈'의 발사, 2020년 11월 발사된 중국의 달 탐사선인 '창어 5호(嫦娥五号)'가 달 토양 샘플을 채취해 2020년 12월 지구로 귀환하면서 중국의 우주 탐사는 새로운 국면을 맞이하게 되었다.

2021년 5월 중국의 첫 화성 탐사 프로젝트 '천문 1호' 탐사선인 '주룽호(祝融号)'는 화성 표면에 도착, 원만하게 임무를 완성했다. 2021년 6월에 발사된 유인 우주선인 '선저우 12호(神舟十二号)'는 2021년 9월 17일 녜하이성(聶海勝), 류보밍(劉伯明), 탕훙보(湯洪波) 3인의 우주비행사와 함께 지구에 순조롭게 귀환했다. 10월에는 세 명의 우주인이 탑승한 '선저우 13호(神舟十三号)'가 발사에 성공하면서 중국은 지금까지 가장 긴 유인 비행을 시작했다.

세 우주인은 중국 톈궁(天宮) 우주정거장에서 6개월간 머물며 임무를 수행하게 된다.

중국 국무원 신문판공실이 '2021 중국 우주백서'를 발간해 2016년 이래 중국 우주비행 활동의 주요 진전과 향후 5년간의 주요 임무를 소개하고, 중국의 우주 사업에 대한 국제 사회의 이해를 증진시켰다. 약 1만 2,500자 분량의 백서는 머리말과 맺음말 외에 전면적 우주 강국 건설을 위한 새로운 여정 시작, 우주 항공 기술과 시스템 발전, 우주 응용 산업 육성, 우주 과학 탐색과 연구 전개, 우주 거버넌스 현대화 추진, 우주 국제 협력의 새로운 구도 구축 등 6개 부분으로 구성돼 있다.

중국은 과학 기술의 진보와 인류 문명의 발전을 촉진할 수 있는 과학 기술 프로그램이 중국의 우주 계획에 더 많이 포함되기를 희망하고 있다.

세 자녀 정책(生育三个子女)

중국은 1978년 '1가구 1자녀'의 산아 제한 정책(计划生育政策)을 실시해 인구의 감소를 유지해 오다가 2016년 두 자녀 정책을 도입 후 2021년 다시 세 자녀 출산을 허용하는 정책을 실시했다.

세 자녀 정책 실행은 심각한 고령화 문제와 출생률이 점차 낮아짐에 따라 출산 정책의 리듬을 조절하기 위한 것으로 2021년 세 자녀 정책이 급상승 검색어 순위에 올랐다. 사실상 산아 제한 정책의 폐지와 다름이 없다는 분석이 나오고 있다.

2021년 8월 20일, 전인대 상무위원회 회의에서 인구 및 산아제한법에 관한 결정을 의결하여 개정된 내용으로 국가가 "출산 정책을 더욱 강화해 한 부부가 세 자녀를 낳을 수 있는 정책과 지원 조치를 병행할 것"이라고 밝혔다. 이후 중앙 정부 및 지방 정부에서는 출산 장려를 위해 주택 제공, 교육비 절감, 조세 지원 등 출산과 양육에 따른 경제적 부담 경감 및 복지 제공 등 여러 가지 정책들이 잇달아 발표하고 있다.

세 자녀 출산 정책은 중국의 인구 구조를 개선하고 인적 자원의 우위를 유지하는 데 도움이 될 것이며, 미래 가족 구조의 변화는 자동차, 관광, 주택, 쇼핑 등으로 이어져 가계 소비의 새로운 수요를 전면적으로 이끌 국가의 원동력이 될 수 있다고 밝히고 있다.

네이쥐안(內卷)

2021년 초 핀둬둬(拼多多) 여직원이 초과 근무를 하다가 급사하는 사건이 한때 화제가 되었다. 996(9시에 출근해서 9시에 퇴근하며 주 6일 근무) 등 사회 현상을 반영하는 많은 신조어들이 나타나면서 시간 외 근무 문화를 다시금 생각하는 계기가 되었다.

국가가 비자발적 996법 위반부터 '쌍감' 정책까지 행동의 토대 위에서 반네이쥐안(反內卷)을 실천하고 경직된 가치관을 타파하는 반네이쥐안(反內卷)의 첫 단추를 뗐다고 할 수 있다.
동전의 양면처럼 부정적인 시각에서 보면, '네이쥐안'은 팽이가 돌 듯 '양적인 성장'에만 치중된 악순환과 다름없다. 하지만 긍정적인 시각에서 보면, '네이쥐안'은 개인 능력을 증명해 보이는 기회가 될 수도 있다.

[참고] 네이쥐안(內卷)

'네이쥐안'은 말 그대로 '안쪽으로 둥글게 말리다'라는 뜻이다. 요즘 '사회학 단어'로 그 의미 영역이 확장되었다. 즉 어떤 사회나 문화 현상이 일정한 단계에 이른 후 정체되거나 혹은 다른 고급 모델로 전환되지 못하는 현상을 말한다. 바꿔 말하면 질적 발전이 없는 양적 성장을 비유한다.

부동산 리스크(房地产爆雷)

2021년 헝다 사태 이후 부동산 업계는 대격변의 시대를 맞게 된다. 부채 비율이 높은 부동산 업계의 병폐는 부동산을 제외한 은행 등 금융 지주 회사에도 파급돼 금융 리스크를 막는 것이 부동산 시장 재편의 가장 중요한 목표가 되고 있다.

또 '주택 투기'와 '부동산의 안정화'라는 정책 기조를 견지하며 '양방향 규제'에 나서고 있다.

반면 2021년 상반기 중 코로나19로 침체된 부동산 분양은 부진한 모습을 보였다. 다행히 헝다 사태의 위험은 연말에 점차 통제 가능하게 되어 중앙은행은 연말에 우량기업에게 시장화 원칙에 따라 부동산 프로젝트의 합병 매수를 장려하고, 금융 기관의 M&A 금융 서비스를 장려하여 위험 해소를 촉진하고 있다.

일정 기간 동안 부분적으로 기업에 유동성 문제가 발생하였으나, 부동산 업계 전반의 자신감과 예상은 이미 회복 진행 중이다. 2022년에는 더욱 건강하고 안정적인 시장이 열릴 것으로 내다보고 있다.

라이브 커머스 호스트 탈세(网红被罚)

2021년 말 중국의 가장 뜨거운 감자는 유명 라이브 커머스 호스트(왕홍, 网红) 웨이야(薇娅)의 탈세에 대한 벌금 부과였다.

2021년 11월 22일 항저우(杭州) 세무 부처가 쉐리(雪梨), 리산산(李珊珊) 등 라이브 커머스 호스트(왕홍, 网红)에게 탈세로 인한 벌금을 부과한 후 1개월이 채 안 된 12월 20일, 저장 항저우 세무 감사국(税务稽查局)에서는 중국의 가장 유명한 라이브 커머스 호스트(왕홍, 网红) 중 하나인 웨이야(薇娅)에게 탈세의 이유로 총 13억 4,100만 위안(약 2,503억 원)에 이르는 체납금 추징 및 벌금을 부과했다.

각 지방별 세무 부처에서는 유명 연예인과 라이브 커머스 호스트 등에 대해서 과거 세금 문제를 시정하지 않았거나 자발적으로 조사를 받았음에도 제대로 시정하지 않은 경우, 자진 신고해 세금 문제를 시정할 것을 요구했으며, 이를 거부하거나 시정하지 않을 경우 법의 의거해 강력하게 처벌할 것이라고 경고했다.

중국의 유명 연예인 및 라이브 커머스 호스트들의 탈세 사건이 2021년 사회적 이슈로 떠오르면서 앞으로 여기에 대한 규범화, 제도화가 가속될 것이며 중점 관리 감독 대상이 될 것으로 전망된다.

전정특신(专精特新)

4차 산업 혁명을 기점으로 기술 패권이 더욱 강조되면서 2021년 7월 당 중앙 정치국 회의에서 전정특신(专精特新)의 중소기업 육성을 강조한 후 중국 정부는 규모는 작지만 경쟁력이 강한 기업, 즉 강소기업의 육성화를 본격화하고 있다.

전정특신(专精特新)은 전문화(专), 정밀화(精), 특성화(特), 혁신화(新)로 그 규모는 작지만 전문 분야에서 특성화되고 혁신적인 강소기업을 말하는데 작은 거인(小巨人), 히든 챔피언(隐形冠军) 등으로 불린다.

주로 차세대 IT 기술, 바이오 의약, 신소재, 신에너지 등 첨단 산업에 시장 경쟁력을 갖춘 기업들이다. 22021년 11월 베이징 증권 거래소에 상장한 81개의 기업 중 전정특신 중소기업이 절반에 달해 강소기업 육성과 그 맥을 같이한다.

차세대 첨단 산업에 관련 스타트업은 향후 30년간 중국 발전의 중심이자 강대국으로 가는 길이다. 패러다임 혁신에서 기술 혁신으로 전환하는 전환점에 서 있는 중국의 정책은 투자에서 혁신 드라이브로 바뀌고 있다.

또한 2022년 중국 공업정보화부(공신부)에서는 중소기업의 발전을 촉진하기 위해 14차 5개년(十四五, 2021~2025년) 기간 중 혁신형 중소기업 100만 개, 성급 전정특신 기업 10만 개, 전정특신 강소기업 1

만 개를 육성하겠다고 밝히고 있다. 2022년 올해 약 3천 개의 강소기업을 신규 육성하며, 500개 이상의 중점 강소기업에 재정적 지원을 제공한다는 계획을 가지고 있다. 중앙 정부뿐만 아니라 각 지방 정부에서는 전정특신 기업을 육성 발전시키기 위하여 여러 가지 정책을 내놓고 지원하고 있다. 기존 빅테크 기업보다는 혁신적으로 특성화되고 핵심 기술을 갖춘 강소기업에 대한 정부의 지원이 늘어날 것으로 보인다. 특히 감세, 혁신, 금융의 지원을 강화하여 기업의 경제적 부담을 줄이고 혁신 능력을 제고하는 데 지원의 방점을 두고 있다.

* 출처: 中国证券网

Chapter 2.

중국 인구 통계: 10대 키워드

2022년 1월 17일 오전, 국무원 보도판공실에서 발표한 중국 인구 통계 자료에 따르면 2021년 말 기준 전국의 인구(31개 성, 자치구, 직할시에 거주하고 있는 홍콩, 마카오, 타이완의 주민과 외국 국적 인원은 불포함)는 14억 1,260만 명으로 2020년에 비해 48만 명 증가했다.

① 출생 인구 1,062만 명(인구 출생률은 7.52‰)

② 사망 인구 1,014만 명(인구 사망률은 7.18‰)

   * 인구 자연 성장률은 0.34‰로 1961년 이후 가장 낮은 수치로 인구 1천 명당 태어나는 출생아 수가 건국 이래 최저를 기록했다.

③ 남성 인구: 7억 2,300만 명

④ 여성 인구: 6억 8,949만 명

   * 총인구 성별 비율은 104.88(여성을 100으로 할 경우)로 남성이 약 3,350만 명 많은 것으로 나타났다.

⑤ 16~59세 노동 연령 인구: 8억 8,222만 명(전국 인구의 62.5%를 차지)

⑥ 60세 및 이상 인구: 2억 6,736만 명(전국 인구의 18.9%를 차지)

   * 그중 65세 및 이상 인구는 2억 56만 명으로 전국 인구의 14.2%를 차지하고 있으며, 2020년과 비교해 60세 이상은 0.2%P, 65세 이상은 0.7%P 각각 상승한 것으로 중국도 고령화가 가속화되고 있다.

⑦ 도시 상주인구: 9억 1,425만 명

⑧ 농촌 상주인구: 4억 9,835만 명(1,157만 명 감소)
  * 도시 인구가 2020년 말에 비해 1,205만 명 증가했으며 전국 인구에서 차지하는 비중(도시화율)은 64.72%에 달해 2020년 말에 비해 0.83% 상승했다.
⑨ 전국 거주지와 호구 등록지가 분리된 인구: 5억 429만 명
⑩ 유동 인구: 3억 8,467만 명
  * 2020년 말에 비해 885만 명 늘어났다.
  * 거주지와 호구 등록지가 동일한 향, 진, 가도(乡, 镇, 街道)에 있지 않고 호구 등록지를 떠난 지 반년 이상 된 인구가 2020년 말에 비해 885만 명 늘어났으며 유동 인구도 885만 명으로 증가했다.

중국 국가 통계국은 "출생 인구의 감소는 여러 가지 원인이 종합적으로 영향을 준 결과이다. 인구 증가가 완만해지는 것은 경제 발전, 특히 산업화와 도시화 발전이 일정한 시기에 도달한 데 따른 객관적 상황이며, 고령화와 저출산 또한 선진국과 일부 신흥 경제 단위에서 보편적으로 발생하는 문제"라고 평가했다.

또한 코로나 확산에 따른 결혼 및 출산 연기, 가임기 여성의 감소, 만혼 현상 등이 인구 감소에 직접적인 영향을 미친 것으로 분석했다.

여기에 더해 도시화가 가속화하는 가운데 젊은 부부가 대도시의 높은 집세와 물가를 감당하기 점점 어려워지는 상황도 출생률 저하의 원인 중 하나일 수 있으며 저출산, 고령화, 도시집중화 현상이 심화되고 있다.

* 출처: 南方都市报,
https://baijiahao.baidu.com/s?id=17222593879996715450

Chapter 3.

중국 100대 도시: 10대 키워드

2022년 1월 유엔 경제 사회 이사회(联合国经济及社会理事会) 아태 경제 교류 포럼에서 중국 도시 100위를 선정하여 발표한 자료에 따르면 1선 도시 총 18곳, 2선 도시 34곳, 3선 도시 48곳이 선정되었다.

1위에서 10위까지의 도시는 베이징, 상하이, 광저우, 선전, 우한, 난징, 청두, 총칭, 항저우, 텐진으로 나타났다.

평가 기준은 도시의 인프라, 과학 기술 교육, 경제 수준, 민생 복리의 4가지 영역에서 조사되었다.

1선 도시

1선 도시는 인구 1천만 명 이상으로 중국에서 경제가 가장 발달되어 있고 소비와 생활 수준이 가장 높은 대도시라고 할 수 있다. GDP 1조 위안 이상의 도시로 전통적인 1선 도시는 베이징, 상하이, 광저우, 선전의 네 곳으로 중국의 가장 중심 도시라고 볼 수 있는데 보통 '베이상광선(北上广深)'이라고 불린다.

이번 조사에서 우한이 제5대 도시로 이름을 올렸으며 총 18곳의 1

선 도시가 지정되었다.

- 중국 1선 도시 명단

순위	도시
1	베이징(北京)
2	상하이(上海)
3	광저우(广州)
4	선전(深圳)
5	우한(武汉)
6	난징(南京)
7	청두(成都)
8	총칭(重庆)
9	항저우(杭州)
10	텐진(天津)
11	쑤저우(苏州)
12	창사(长沙)
13	칭다오(青岛)
14	시안(西安)
15	정저우(郑州)
16	닝보(宁波)
17	우시(无锡)
18	다롄(大连)

2선 도시

2선 도시는 일반적으로 인구 500만~1,000만 명의 지역으로 면적이 100km^2 이상으로 GDP가 2,600억 위안 이상의 중간급 도시로 허페이, 선양, 지난, 샤먼, 동관, 포산, 푸저우 등 34곳이 지정되었다.

3선 도시

3선 도시는 일반적으로 인구 300~500만 명으로 소득 수준이 비교적 안정된 중소 규모의 도시로 GDP가 1,300억 위안 이상의 광둥성 중산시, 광시성의 구이린시, 허베이성 바오딩시 등 48곳이 선정되었다.

* 출처: 왕이(网易, NetEase),
https://www.163.com/dy/article/GT4HCPKV05373A45.html

Chapter 4.

중국 부동산 시장: 10대 키워드

전국 주택 가격망(全国房价行情官网)에서 2021년 12월 기준 전국 316개 도시의 주택 가격을 발표한 자료에 따르면 55%인 174개 도시는 전월 대비 하락했으며, 45%인 142개 도시는 주택 가격이 상승한 것으로 나타났다.

주택 가격 순위 Top 10 도시는 선전, 상하이, 베이징, 샤먼, 광저우, 항저우, 산야, 난징, 푸저우, 주하이였다.

전년 대비 주택 가격이 가장 많이 오른 지역은 항저우, 상하이, 광저우 순으로 나타났다.
선전은 전년 대비 약 19% 하락했지만 중국 내에서 주택 가격이 가장 비싼 것으로 조사되었다.

- 2021년 12월 주택 가격 및 전년 대비

순위	도시명	평균 가격 (위안/m²)	전년 대비
1	선전(深圳)	71,290	-19.04
2	상하이(上海)	66,801	13.08
3	베이징(北京)	63,809	-1.41
4	샤먼(厦门)	49,665	-0.28
5	광저우(广州)	46,145	15.79
6	항저우(杭州)	42,355	25.08
7	산야(山亚)	38,857	4.56
8	난징(南京)	33,797	2.87
9	푸저우(福州)	26,875	-0.84
10	주하이(珠海)	26,307	9.77

* 출처: 网易, https://www.163.com/dy/article/GT4BCUI10528O9K6.html

Chapter 5.

중국 문화 산업: 10대 키워드

제19회 중국 문화 산업 신년 포럼이 2022년 1월 8~9일 베이징에서 개최되었다. 이 포럼에서 베이징 대학 문화 산업 연구원은 2021년 문화 산업 10대 키워드, 2021년 문화 산업 10대 특징, 2022년 문화 산업 트렌드 예측 등을 담은 '중국 문화 산업 연차 보고서 2022(中国文化产业年度报告2022)'를 발표했다.

2021년 문화 산업 10대 키워드

테마 문예 작품(主题文艺作品)

2021년은 중국 공산당 창당 100주년을 맞아 문화 예술 분야의 많은 창작이 이와 관련된 주제를 둘러싸고 활발하게 전개되었다.

영화업계에서는 혁명 장르, 굵직한 역사 소재의 영화들이 쏟아지고 있다. '장진호(长津湖)', '1921'과 같은 테마 영화들이 흥행을 거두었다.

방송업계에선 각 방송사가 '산해정(山海情)', '각성연대(觉醒年代)' 등 역사 소재를 다룬 드라마 등 다양한 창당 100년 중점 프로그램을 편성했다.

출판업계에서는 2021년 국가 전략을 테마로 한 출판물이 많았고, 지적 재산권을 둘러싼 더 진일보된 아이덴티티를 구축했다.

NFT 예술(NFT艺术)

전통적인 예술품 금융, 엔터테인먼트 미디어, 디지털 문학 작품 등의 분야와 점차 융합해 다양한 디지털 자산과 가상 생태계를 형성해 2021년 국외에서 국내로 진출, 폭발적인 성장세를 보이고 있다.

현재 많은 중국의 빅테크 기업체들이 NFT 시장에 뛰어들어 상품을 출시하고 있다. 중국어로는 번역을 할 때는 '非同质代币'라고 하는데 중국 정부에서는 수익을 위한 상거래 행위를 금지하고 있어 디지털 소장품(数字收藏品)이라고 불리고 있다. 2021년 6월 알리페이는 둔황미술연구소와 합작으로 둔황시 모가오 굴의 고대 예술품을 기반으로 '둔황페이텐(敦煌飞天)' NFT 상품을 출시했으며, 텐센트 그룹은 2022년 중국의 설인 춘제(春节)에 보너스로 텐센트의 마스코트인 펭귄을 테마로 하는 NFT 상품을 직원들에게 주기도 했다.

> **[참고] NFT(Non Fungible Token, 非同质代币)**
> 블록체인을 기반으로 하는 대체 불가능한 토큰(Non-Fungible Token)이라는 뜻으로, 희소성을 갖는 디지털 자산을 대표하는 토큰을 말한다.

메타버스(元宇宙)

메타버스(Metaverse)는 일반 대중에게 그 정의조차 명료하게 이해되지 않은 상태로 2021년 전 세계의 화두로 떠올랐다. 중국 일반 대중의 메타버스 이해도 관한 Iimedia 조사 자료에 따르면 '잘 이해하고 있다'가 15.9%, '비교적 잘 이해한다'가 45.5%로 나타났다. 중국의 일반인들이 메타버스에 큰 관심을 가지고 있다는 것을 알 수 있다.

> **[참고] 메타버스(Metaverse)**
> 가상, 추상, 가공을 뜻하는 메타(Meta)와 현실 세계를 뜻하는 유니버스(Universe)의 합성어로 가상공간에서 현실 세계와 같이 사회, 문화, 경제적 활동을 하거나 가치를 창출할 수 있다는 개념이다.

사이버 공간, 즉 메타버스 안에서 사회, 문화적 활동 및 경제적 가치를 창출할 수 있는 개념으로 정보 통신 기술의 발달로 점차 주목을 받고 있다. 코로나의 출현과 함께 4차 산업 혁명이 가져온 온라인 경제는 메타버스, NFT, 인공지능(AI) 빅데이터, VR/AR 등 디지털의 모든 영역에서 다양한 신규 비즈니스 모델이 잇달아 창출되고 있다.

페이스북이 메타(Meta)로 이름을 바꾸고 메타 유니버스를 선언한 뒤 2021년 12월 바이두가 중국 최초 메타버스 플랫폼인 시랑(希壤)을 열었으며, 텐센트, 알리바바, 바이트댄스 등 중국의 IT 공룡 기업들이 잇달아 진입하여 생태계를 확장하면서 패션 브랜드, 인터넷 매체 등 여러 분야에서 화제의 중심에 서게 되었다.

중국은 14억의 인구의 디지털 빅데이터와 인프라 바탕으로 향후 메타버스 공간 안에서의 블록체인 기술을 바탕으로 하는 NFT 등의 시장이 폭발적인 성장이 있을 것으로 기대된다.

조사 연구 자료에 따르면 62.4%의 사람들이 앞으로 메타버스에 참여할 의향이 있는 것으로 조사되어 앞으로 메타버스가 새로운 비즈니스 생태계를 만들 것으로 기대되고 있다.

현재 중국의 메타버스 시장은 규제가 진행되는 가운데 중국만의 메타버스 생태계를 만들 것으로 기대되면서 부동산의 투기 열풍, 주식 열풍에 못지않게 주목을 받고 있다. 메타버스에 대한 발전과 진화를 소홀히 하면 큰 기회를 놓칠 수 있다.

클라우드 인프라(云展演)

2021년 클라우드 관련 장려 정책으로 클라우드 전시회, 클라우드 연예 등의 업종이 두각을 나타냈으며, 다양한 전시회가 열렸다.

이와 함께 5G 네트워크의 빠른 발전에 힘입어 데이터 전송 효율에 대폭 최적화되어 4K, 8K 고화질 동영상 및 VR, AR 등의 기술이 모바일에서 원활하게 재생되어 장애를 제거하였고, 모든 휴대폰 사용자가 클라우드에서 극장급 수준의 시청을 즐길 수 있도록 하였으며, 온라인 공연을 현장화, 개인화, 세분화 방향으로 이끌었다.

[참고] 클라우드(Cloud)
인터넷상에 마련한 개인용 서버에 각종 문서, 사진, 음악 따위의 파일 및 정보를 저장하여 두는 시스템

홍색 문화 관광(红色文旅)

2021년 5월 문화관광부에서 '창당 100주년 홍색 관광 루트 100선', '홍색 역사 회고', '분투 정신 계승', '대국의 새로운 건설', '중국의 힘

을 느끼다' 등의 주제를 통한 홍색 문화 관광과 농촌 진흥 지원을 위한 '탈 빈곤 체험, 농촌 진흥 지원' 등을 주제로 한 테마 관광 코스 가이드를 제공했다.

특히 젊은 세대 층의 요구에 부합하고, 지역의 조화로운 발전에 충분한 이점을 가져왔다. 홍색 문화 관광은 미래 발전에서 매우 잠재력이 있는 새로운 형태가 되었다.

[참고] 홍색 문화
1921년 중국 공산당이 창당되면서 '홍군(红军)'이라는 이름으로 항일 전쟁, 국민당과의 내전, 혁명, 개혁 등의 과정을 거치면서 중국식 사회주의를 대변하는 특수한 문화라고 할 수 있다.

국풍 프로그램(国风节目)

중앙 방송국으로 대표되는 방송 문화 단위에서 2021년에 활발하게 중국풍 프로그램을 선보여 시청자들의 호평을 받았다. '상시엔바! 화차이소년(上线吧! 华彩少年)', '전적리의 중국(典籍里的中国)', '당궁야연(唐宫夜宴)', '청명기묘유(清明奇妙游)' 등이다.

이러한 국풍 프로그램의 성공적인 보급은 국풍의 새로운 바람을 일으키기도 하였다. 2021년 말 중국 동방연예그룹, 고궁 박물원 등이 합작하여 '천리강산도(千里江山圖)' 원본을 바탕으로 만든 무용 시극 '오직 청록(只此青绿)'은 전국 곳곳을 순회하며 많은 사람들의 마음속 '미적 절정'으로 자리 잡았다.

쌍탄 전략(双碳战略)

'2030년까지 탄소 배출 정점'이라는 정부 업무 보고서가 명시되면서 2021년 이후 녹색 성장이 보다 실질적인 차원으로 강조될 것으로 보인다.

'쌍탄 전략(双碳战略)'의 지도 아래 산업 전반에 걸쳐 녹색 저 탄소화가 가속화되고 있는 추세는 문화 산업 분야에서도 나타나고 있다.

무형 문화유산 + 전자 상거래(非遗电商)

무형 문화유산과 전자 상거래의 융합 모델은 젊은 인재들의 귀농을 이끌었을 뿐만 아니라 농촌 진흥에도 탁월한 기여를 했다.

만화 IP(漫改IP)

2021년 '신화·문화 산업 IP지수 보고서'에 따르면 디지털 문화 콘텐츠의 여러 가치 원천 중 만화는 이미 인터넷 문학에 이어 두 번째로 큰 원천이 되어 20%의 비율을 차지하고 있다.

아이치 애니메이션(爱奇动漫)은 2021년 초 중국 드라마 제작 산업 협회 청년 공작 위원회와 전략적 제휴를 공식화하고 2021년 중점 만화 리스트를 발표하며 IP 인큐베이팅 중점 프로젝트인 창궁 계획(苍穹计划)을 제시해 중국 오리지널 애니메이션을 지원하고 양질의 브랜드를 만들어 신인 창작자를 발굴하는 데 주력하고 있다.

[참고] IP
Intellectual Property의 약자. 지적 재산이라는 뜻이지만 특정 게임 프랜차이즈나 시리즈물을 의미한다.

여성 영화(女性电影)

2021년, 여성 장르와 여성 감독들이 스크린을 빛냈다. 여성 감독은 '안녕, 이환영(你好, 李焕英)'부터 연말 '애정신화(爱情神话)'와 '겨울을 뚫고 너를 안아줄게(穿过寒冬拥抱你)'까지 2021년 중국 영화에 많은 영광을 안겼다. 이 중 '안녕, 이환영(你好,李焕英)', '우리 누나(我的姐姐)' 등이 입소문과 흥행의 두 마리 토끼를 잡았다.

＊출처: 中国社会科学网-中国社会科学报

Chapter 6.

중국 여행 관광 산업: 10대 키워드

중국 10대 관광지

Maigoo에서 수집한 자료에 따르면 2021년도 가장 핫한 관광도시로 충칭이 1위로 꼽혔으며, 그다음이 상하이, 베이징 순으로 나타났다.

- 2021년 중국 10대 관광지

순위	도시명	연 방문객 수(만 명)
1	충칭(重庆)	4억 1,100
2	상하이(上海)	3억 7,000
3	베이징(北京)	3억 2,200
4	우한(武汉)	3억 1,898
5	시안(西安)	3억 110
6	청두(成都)	2억 8,000
7	텐진(天津)	2억 2,700
8	광저우(广州)	2억 4,500
9	구이양(贵阳)	2억 2,901
10	항저우(杭州)	2억 813

* 출처: Maigoo, https://m.maigoo.com/top/418343.html

2021년 연간 방문객 수로는 충칭(重庆)이 1위를 차지하고 있지만

2021년 7월 중국관광연구원(CTA)에서 여행객 후기로 뽑은 중국 최고의 관광지는 베이징이 1위로 뽑혔다. 평가 기준은 '관광자원지수(TPI)'로 관광 자원의 숫자, 평판, 대중들의 참여, 리뷰, 시장성 등 다섯 가지 지표를 기준으로 각 도시의 관광 자원에 점수를 매겼다.

첫 번째 도시 베이징(北京)은 중국의 수도로 자금성, 만리장성, 천안문 광장 등 관광 문화 유적이 산재해 있다.

두 번째 도시는 상하이(上海)로 중국 내에서 방문객이 두 번째로 많은 도시이기도 하며, 여행객 후기에서도 두 번째로 높은 평점을 받았다. 와이탄, 동방명주 등 마천루가 인상적이며, 유럽식 고풍스러운 건축물이 매력적이다. 아시아 최대 규모를 자랑하는 상하이 디즈니랜드가 있어 남녀노소 사랑을 받고 있는 지역이다.

세 번째 도시는 청두(成都)로 사천성의 성도로 판다의 주요 서식지이다. 도강언, 청서산 등은 유네스코 세계유산으로 등재되어 있어 관광지로 유명하다. 그 외 무후사, 두보초당 등 다양한 관광지가 있다.

네 번째 도시는 충칭(重庆)으로 우리나라 대한민국 임시정부가 있던 도시이다. 중국의 4대 직할시 중 하나로 중국에서 3,000만 명이 넘는 인구를 가진 거대 도시이다, 명청(明淸) 시기의 건물이 그대로 보존되어 있는 츠치커우(磁器口)가 유명하며, 애니메이션 '센과 치히로의 행방불명(千与千寻)'의 배경이 된 홍야동(洪崖洞) 등의 볼거리가 가득하다.

다섯 번째 도시는 쓰촨성의 간쯔(甘孜)이다. 2020년 말 중국 SNS에서 뜨거운 화제가 된 20세 티베트족 청년 딩전(丁真)의 영향으로 쓰촨성의 간쯔는 자연을 즐기는 사람들을 중심으로 뜨거운 여행지로 부상했다.

여섯 번째 도시는 항저우(杭州)로 중국 IT 기업을 대표하는 알리바바의 본사가 있는 곳이기도 하며, 유명한 서호(西湖)가 있다. '하늘에는 천당이 있고 지상에는 쑤저우와 항저우가 있다'라는 말이 있을 정도로 아름다운 지역이다. 남송(南宋) 시기의 성곽을 그대로 재현해 놓은 테마파크 송성(宋城)도 볼 만하다.

일곱 번째 도시는 후룬베이얼(呼伦贝尔)로 내몽고의 대초원 도시이다. 코로나로 사람들이 번잡한 도시보다는 자연을 찾으면서 각광을 받고 있다. 몽고 부락 관광 지구에서 몽고의 문화를 체험할 수 있는 숙박 시설, 승마 등 레저 시설이 갖추어져 있어 관광객들로 하여금 좋은 호평을 얻고 있다.

여덟 번째 도시는 윈난성 리장(丽江)으로 중국 3대 고성 중 하나인 리장고성(丽江古城)이 있는데 마을 전체가 유네스코 세계문화유산에 등재되었다. 또한 이곳에는 '동양의 알프스'라 불리는 옥룡설산(玉龙雪山)이 있어 케이블카를 타고 만년설을 구경할 수도 있다. 중국의 보이차(普洱茶)가 유명한 지역으로 많은 관광객들이 찾고 있다.

아홉 번째 도시는 해남도의 싼야(三亚)로 중국의 하와이로 불린다.

해남도는 아시아 최고 서핑 스팟 중의 하나이다. 또한 중국의 자유 무역 특구로 지정되면서 면세점 등이 많이 건설되었고 또한 그 효과를 톡톡히 누리고 있다. 중국에서 2022년 가장 뜨는 여행 지역으로 관광객들이 발길이 이어지고 있다.

열 번째 도시는 시안(西安)으로 중국 여행 하면 빼놓을 수 없는 지역이다. 진시황릉, 병마용 등 세계 문화유산이 곳곳에 널려 있어 보는 이로 하여금 감탄사를 자아내게 한다. 중국의 성벽 중에서 가장 보존 상태가 좋은 명대성벽, 6,000년의 역사를 자랑하고 있는 화청지(华清池) 온천 등이 유명한 관광지로 이름을 떨치고 있다.

* 출처: 중국 관광 연구원(CTA), www.ctaweb.org.cn

Chapter 7.

중국 명문 대학: 10대 키워드

중국은 한국과 달리 9월 학기제를 시행하고 있다. 그래서 고 3학생들은 매년 6월 7~8일이 되면 대학 입학시험인 가오카오(高考)를 치른다.

한국과 마찬가지로 가오카오(高考) 성적에 따라 대학을 지원하게 되는데 중국의 명문 대학 역시 그 경쟁률이 치열하다.

중국 대학의 순위는 발표 기관과 발표 연도, 평가 기준 등에 따라 다소 차이가 있다.

아이뤼선(艾瑞深校友会网, Cuaa.net)은 지난 2003년부터 20년 동안 중국 대학 입학시험 가오카오(高考) 지원서 작성을 위한 가이드라인 제시를 위해 매년 대학 순위를 조사해 발표해 오고 있다.

2022년 1월 아이뤼선(艾瑞深校友会网, Cuaa.net)에서 사회적 영향력, 공신력, 혁신력 등의 평가 항목을 기준으로 발표한 자료에 따르면 베이징대학이 15년 연속 1위를 차지하고 있으며 그다음이 칭화대학, 상하이쟈오통대학 순이다.

2022년 중국 10위 명문 대학은 아래와 같다.

1위. 베이징대학(北京大学, 북경대학)

중국 최초의 국립 종합 대학이자, 당시 중국 최고의 교육 행정 대학으로 베이다(北大)라고 줄여서 부른다. '211공정'과 '985공정' 대학으로 문과 및 법률 계열이 가장 유명하다.

본교 소재지: 베이징(北京)
설립일: 1898년
학교 홈페이지: http://www.pku.edu.cn
영문명: Peking University

2위. 칭화대학(清华大学, 청화대학)

칭화대학은 줄여서 '칭화(清华)'라고 부르는데, 1911년 중화인민공화국교육부가 직속으로 건설한 대학이다. '211공정'과 '985공정' 대학으로 이공 계열이 가장 유명하다.

본교 소재지: 베이징(北京)
설립일: 1911년
학교 홈페이지: http://www.tsinghua.edu.cn
영문명: Tsinghua University

3위. 상하이쟈오통대학(上海交通大学, 상해교통대학)

상하이쟈오통대학은 국가 교육부와 상하시 시 정부가 공동으로 설립한 전국 중점 대학으로 '211공정'과 '985공정' 대학이다. 약칭으로 상하이쟈오다(上海交大)라고 불린다.

본교 소재지: 상하이(上海)
설립일: 1896년
학교 홈페이지: http://www.sjtu.edu.cn
영문명: Shanghai Jiao Tong University

4위. 저장대학(浙江大学, 절강대학)

약칭 '저다(浙大)'라고 불리며 구시서원(求是书院) 전신으로 창립된 신식 교육 기관이다. '동양의 케임브리지'라는 별칭을 가지고 있으며 '211공정'과 '985공정' 대학이다.

본교 소재지: 저장성 항저우(浙江省杭州)
설립일: 1897년
학교 홈페이지: http://www.zju.edu.cn
영문명: Zhejiang University

5위. 우한대학(武汉大学, 무한대학)

우한대학은 국가 교육부 직속 중점 종합 대학으로 국가 '985공정'과 '211공정' 대학이다.

약칭으로 우다(武大)라고 불리며 본교는 후베이성 우한시에 있는데 100년이 넘는 역사와 전통을 자랑하는 대학이다.

본교 소재지: 후베이성 우한(湖北省武汉)
설립일: 1893년
학교 홈페이지: http://www.whu.edu.cn
영문명: Wuhan University

공동 6위. 난징대학(南京大学, 남경대학)

난징대학은 중화 인민공화국 교육부 직속의 전국 중점 대학으로 역사가 깊고 명성이 높은 100년 전통의 명문 대학이다. 약칭으로 난다(南大)라고 불리며 '211공정'과 '985공정' 대학이다.

본교 소재지: 장쑤성 난징(江苏省南京)
설립일: 1902년
학교 홈페이지: http://www.nju.edu.cn
영문명: Nanjing University

공동 6위. 푸단대학(复旦大学, 복단대학)

　푸단대학(复旦大学)의 원래 이름은 푸단공학(复旦公学)이며, 1917년 푸단대학(复旦大學)으로 개명되었다. 푸단(复旦)으로 줄여서 부르며 중국 최고의 연구형 중심 대학으로 '211공정'과 '985공정' 대학이다.

본교 소재지: 상하이(上海)
설립일: 1905년
학교 홈페이지: http://www.fudan.edu.cn
영문명: Fudan University

8위. 중국커쉐지수대학(中国科学技术大学, 중국과학기술대학)

　중국커쉐지수대학은 중국 과학원에 소속된 선진 과학과 첨단 기술을 위주로 하는 이공 계열과 인문학 계열이 강하다. 약칭으로 중커다(中科大)라고 불리며 '211공정'과 '985공정' 대학이다.

본교 소재지: 베이징(北京)
설립일: 1958년
학교 홈페이지: http://www.ustc.edu.cn
영문명: University of Science and Technology of China

9위. 화중커지대학(华中科技大学, 화중과기대학)

화중커지대학은 과학 기술 분야 중심의 공립 이공계 대학으로 전신은 1952년 우한에 설립된 화중 공학원(华中工学院)이다. 국가 주요 과학 기술 인프라와 국립 연구소 운영 능력을 갖춘 핵심 연구 대학 중 하나로 '211공정'과 '985공정' 대학이다. 화중다(华中大)로 간략하게 부른다.

본교 소재지: 후베이성 우한(湖北省武汉)
설립일: 1952년
학교 홈페이지: http://www.hust.edu.cn
영문명: Huazhong University of Science and Technology

공동 10위. 중국런민대학(中国人民大学, 중국인민대학)

중국런민대학을 줄여서 '런다(人大)'라고 불리며 '211공정'과 '985공정' 대학이다. 중국 공산당이 창립한 첫 번째 대학이다. 중국의 사상, 사회 연구 등 인문학 중점 대학으로 졸업 후 정부 기관 취업자가 많다.

본교 소재지: 베이징(北京)
설립일: 1937년
학교 홈페이지: http://www.ruc.edu.cn
영문명: Remin University of China

공동 10위. 텐진대학(天津大学, 천진대학)

텐진대학의 전신은 1895년 10월 2일에 설립된 북양대학(北洋大學)으로 1951년 9월에 북양대학과 허베이공학원(河北工学院)을 통합하였으며, 1952년 난카이대학(南開大學)의 공과 대학과 진구대학(津沽大学)의 공과 대학 등 다른 대학의 공과 대학을 합병하여, 이공계 위주의 종합 대학으로 발전하였다. '211공정'과 '985공정' 대학으로 간략하게 텐다(天大)라고 부른다.

본교 소재지: 텐진(天津)
설립일: 1895년
학교 홈페이지: http://www.tju.edu.cn
영문명: Tianjin University

* 출처: 构艾瑞深校友会网, Cuaa.net

2022년 2월 14일 중국의 교육부, 재정부, 국가발전개혁위원회는 2차로 쌍일류 건설대학과 건설학과 명단(第二轮"双一流"建设高校及建设学科名单)을 업그레이드하여 발표하였다. '쌍일류'는 세계 일류 대학과 일류 학과를 지향하는 것으로 국가의 최고 인재를 육성하고 중국의 국제 경쟁력을 높이며, 국가의 전략적 필요에 부응하고 학과 간 교차 연구를 촉진하기 위해 정부가 투자를 확대할 대학으로 공포한 명단에는 총 147개 대학교, 331개의 학과가 포함되어 있다. 건설학과에는 수학, 물리, 화학, 생물학 등 기초 학과 59개, 공학 계열 180개, 철학 사회학과 92개가 포함되어 있다.

이 계획은 2035년까지 세계 교육 강국이 되겠다는 중국 교육 백년대계라고 볼 수 있다.

[참고]
1. 중국 일류 대학 건설 프로젝트: '211공정'과 '985공정'
- 2020년 6월 현재 중국 대륙에는 3,005개소의 고등 교육 기관이 있으며 그중 4년제 본과 대학은 1,258개소, 전문 대학은 1,482개소, 성인 교육 학교가 265개소 있다(홍콩, 마카오, 타이완 불포함). 중국의 일류 대학은 국가의 프로젝트에 의해 211공정 대학, 985공정 대학으로 불리는데 일단 211, 985공정에 속하는 대학들은 중국 최고의 대학들이라고 볼 수 있다.

2. 일류 대학 건설을 위한 국가 프로젝트, '211공정'
- 일류 대학 건설을 위한 중국의 대표적인 국가 프로젝트는 '211공정'이다. '211공정'은 21세기를 대비하여 세계적 수준의 100개 일류 대학과 중점 학문 분야를 육성한다"는 목표로 추진되고 있는 프로젝트이며 2022년도 현재 전국 116개의 대학이 '211공정'의 대상 대학으로 선정되어 정부의 집중적인 지원을 받고 있다. 숫자 211은 21세기와 100개의 학교를 의미하며 현재 211공정은 국가급과 성급으로 구분되어 있다. 2005년 9월에 현재 국가급 211공정에는 107개의 학교가 선정되어 있으며 이 중 일반계 학교는 104개소이며 군사 학교는 3개소이다.

3. 세계 일류 대학 건설 프로그램, '985공정'
- 일류 대학 건설을 위해 추진하고 있는 중국의 또 하나의 국가 프로젝트는 '985공정'이다. 정식 명칭이 '세계 일류 대학 건설 프로그램(世界一流大學建設項目)'인 이 프로젝트에 '985공정'이라는 약칭을 사용하는 것은 그것이 1998년 5월에 개시되었기 때문이다.

21세기 세계 선진 수준을 구비한 일류 대학과 일군의 일류 학과(즉, 학문 분야)를 창건한다"는 목표를 명시하고 1999년 9월 '985공정'이 정식으로 가동되기 시작하였다. 2022년 현재 총 39개의 '985공정' 대학이 있다.

*참고 자료: 바이두 백과

Chapter 8.

중국 미식 도시: 10대 키워드

2021년 한 해도 코로나로 인해 많은 사람들이 해외 여행보다는 중국 국내 여행으로 그 수요가 몰리고 있다. 여러 가지 테마 여행 중에서 미식 관련 테마 여행이 사람들로부터 많은 관심을 받고 있다.

중국 요리는 세계 4대 요리 중의 하나로 그 종류가 다양하며 지역별로 많은 특색을 지니고 있다. 매운 요리의 대표 지역인 충칭(重庆)과 쓰촨(四川), 후난(湖南) 지역, 중국 요리의 정수 광동 요리, 서북 지역의 양고기 요리 등이 유명하다.

중국 데이터 분석 매체 DT차이징(财经)에서 온라인상에서 사람들의 입에 가장 많이 오르내린 중국 국내 미식 여행지 Top 10을 뽑아 발표했다.

- 온라인에서 가장 많이 언급된 미식 여행 도시 Top 10

순위	도시	대표 요리
1	청두(成都)	훠궈(火锅)
2	충칭(重庆)	카오위(烤鱼)
3	시안(西安)	러우쟈모(肉夹馍)
4	광저우(广州)	딤섬(点心)
5	신장(新疆)	양꼬치(羊肉串)
6	챠오산(潮汕)	소고기훠궈(牛肉火锅)
7	창사(长沙)	샤오룽샤(小龙虾)
8	순더(顺德)	국화생선(菊花鱼生)
9	란저우(兰州)	뉴러우몐(牛肉面)
10	우한(武汉)	러깐몐(热干面)

베스트 1, 2위 미식 도시는 청두(成都)와 충칭(重庆)으로 우리에게도 잘 알려진 마라의 감칠맛을 대표하는 도시이다. 마라탕(麻辣烫), 훠궈(火锅), 카오위(烤鱼) 등이 유명하다. 세 번째 도시는 시안으로 우리에게는 진시황릉과 병마용으로 잘 알려진 중국의 고도이다. 시안은 면의 발원지라 할 만큼 면 요리가 다양하고 맛이 있다. 또한 중국식 햄버거라고 할 수 있는 러우쟈모(肉夹馍)도 유명하다. 네 번째 도시는 광저우로 중국 요리의 정수라고 할 수 있다. 온화한 기후 덕택에 식재료가 풍부해 음식 천국의 도시라고 할 수 있다. 다섯 번째는 양고기로 유명한 신장(新疆) 지역이다. 그 외 광동성 챠오산 소고기 훠궈, 호남성 창사의 샤오룽샤(小龙虾), 광동성 순더의 국화생선(菊花鱼生) 등이 그 이름을 올렸다.

* 출처: DT차이징(财经),
https://baijiahao.baidu.com/s?id=16985410463675622247

Chapter 9.

중국 행복 지수 최고 도시: 10대 키워드

환구망(环球网)에서 "중국 아름다운 생활 조사 2020~2021(中国十大美好生活城市 2020~2021)"을 인용해 보도한 자료에 따르면 중국에서 가장 행복 지수가 높은 도시로 푸젠성의 샤먼(厦门)이 1위에 꼽혔다.

라싸(拉萨), 청두(成都), 후허호트(呼和浩特), 칭다오(青岛), 시닝(西宁), 다롄(大连), 하이커우(海口), 난닝(南宁), 창사(长沙)가 그 뒤를 이어 10대 도시로 선정되었다.

지역별로 보면 북방 지역이 47.62%로 남방 지역 43.48%보다 행복 지수가 더 높은 것으로 나타났다. 북방인의 낙천적이며 호탕한 성격과도 관계가 있는 것으로 보인다. 또한 행복 지수가 조사된 10여 년 동안 도시보다 농촌 지역 주민들의 행복 지수가 더 높은 것으로 조사되었다.

거주지 생활 수준을 놓고 보면, 행복감 조사가 진행된 지난 10여 년간 농촌 지역의 행복감이 도시보다 높은 것으로 나타났다.

중국의 1선 도시 베이징, 상하이, 광저우, 선전은 기회가 많고 젊은 이들이 선호하는 도시지만 행복 지수는 2~3선 도시보다 떨어지는 것으로 나타났다. 소도시 주민들이 상대적으로 스트레스를 적게 받고 생활 환경이 보다 쾌적한 것이 영향을 끼친 것을 분석했다.

자녀 교육에 대한 불안 지수는 지난 5년간 가장 높은 수준을 기록했다. 자녀 교육에 대한 여러 가지 불안감, 스트레스 등이 행복도에 직접적인 영향을 미친 것으로 보이고, 반면 자녀가 없는 이들의 행복감은 더 높았지만, 자녀가 많을수록 행복도는 더 떨어지는 것으로 조사되었다.

주택의 자가 보유 여부도 행복도에 영향을 끼치는 것으로 나타났는데 자가를 보유한 사람이 보유하지 않은 사람보다 행복도가 더 높았다.

남녀 성별로 보면 여성의 행복 지수가 남성보다는 높게 나타났다. 지역별로는 성도, 청도, 하문에 거주하는 여성의 행복도가 가장 높았으며, 남성의 경우 라싸, 하문, 후허호트에 거주하는 이들의 행복감이 가장 높은 것으로 조사되었다.

소득 수준에 따라서도 조금의 차이가 나타났지만 소득이 높다고 꼭 행복한 것은 아닌 것으로 나타났다.

* 출처: 소후, https://www.sohu.com/a/462901351_99919558

Chapter 10.

2022년 중국 양회: 10대 키워드

양회(两会)는 전국인민대표회의(全国人民代表大会, 약칭 전인대)와 전국인민정치협상회의(全国人民政治协商会议, 약칭 정협)를 가리키는데 중국에서 거행되는 가장 큰 정치적 행사로 일반적으로 3월 초에 개최되며 개최 기간은 10~12일이다. 양회를 통하여 당해 연도 중국 정부의 운영 방침이 결정되기 때문에 대내외적으로 많은 관심을 받는다.

2022년도 양회의 개최 기간은 전국인민대표회의는 3월 5일부터 11일까지, 전국 인민정치협상회의는 3월 4일부터 3월 10일까지로, 베이징에서 열렸다.

2022년 올해 양회의 핵심은 안정 성장을 기반으로 하는 고용안정, 민생 리스크 방지를 통한 공동 부유 정책으로 볼 수 있다.

먼저 2021년 업무 회고를 통하여 2021년 국내 총생산(GDP)이 114조 위안으로 8.1% 성장, 1인당 가처분 소득은 8.1% 증가, 도시 신규 취업자는 1,269만 명을 초과, 도시 실업률은 평균 5.1%, 소비자 물가 지수(CPI)는 0.9% 증가했다고 발표했다.

2022년도 정부 업무 주요 사업 10대 키워드를 정리하면 아래와 같다.

① 국내 총생산(GDP) 성장률: 기대 목표 5.5% 좌우
② 정부 투자: 지방 정부 특별 채권 3.65조 위안 발행을 통해 새로운 인프라 구축 및 노후 공용 시설 개조
③ 도시 신규 취업자: 1,100만 명 이상, 실업률 연간 5.5% 이내 통제로 신규 취업자 확대
④ 소비자 물가지수(CPI): 상승폭 3% 좌우로 유지
⑤ 식량 생산량: 1조 3,000억 근 이상 유지(1근: 500g)
⑥ 세금 환급 및 감세: 민생 안정을 위한 약 2조 5,000억 위안의 세금 환급 및 감세 추진
⑦ 의료 및 공공 위생: 일인당 주민 의료 보험 및 기본 공공 위생 서비스 경비의 재정 보조금 기준 각각 30위안과 5위안 추가 인상
⑧ 취업 확대: 1,000억 위안의 실업 보호 기금을 활용해 안정적 일자리 창출 유지 및 직업 교육
⑨ 환경 보호: 폐기물 재활용, 에너지 절약 등 친환경 산업의 육성 및 지원 정책 보완
⑩ 사회 보장: 세 자녀 출산 정책 보완, 장기 임대 주택의 지속적 발전과 보장성 주택 건설 추진, 공공 문화 체육 시설 건립 등

* 출처: 人民网, http://lianghui.people.com.cn

PART 3.
기타

Chapter 1.

중국의 쇼트 비디오 클립
'도우인(抖音)' & '콰이쇼우(快手)'

정의

쇼트 비디오 클립 플랫폼에 대한 정의는 여러 가지 설들이 있지만 iResearch가 발표한 '2016년 중국 쇼트 클립 산업 발전 연구 보고'에서는 쇼트 클립이란 주로 5분 내의, 모바일 지능형 단말 장치에서 편하게 촬영, 편집할 수 있는 소셜 미디어 플랫폼으로 연결하고 공유할 수 있는 새로운 영상 형태라 정의하고 있다.

개요

중국인터넷정보센터(中国互联网络信息中心·CNNIC)의 제47차 '중국 인터넷 발전 상황 통계 보고(第47次中国互联网络发展状况统计报告)'에 따르면 2020년 12월 기준 중국 네티즌 규모는 9억 8,900만 명을 기록하여 거의 10억 명에 이른다. 그중 모바일을 이용한 사용자가 9억 8,600만 명으로 전체의 99.7%를 차지했다. 인터넷 보급률은 70.4%에 달했으며 이 중 40세 이하 네티즌이 50% 이상, 학생 네티즌이 가장 많은 21.0%를 차지했다.

또한 중국 네티즌의 모바일 이용 시간은 일인당 일주일 평균 26시간 20분을 사용한다고 한다.

오늘날 인터넷은 물, 공기와 마찬가지로 우리와 불가분의 관계다. 중국 인스턴트 메시징 이용자 규모가 9억 8,100만 명, 온라인 쇼핑 이용자 규모가 7억 8,200만 명, 쇼트 클립 이용자 규모가 8억 7,300만 명이며, 요즘 라이브 커머스가 인기 있는 구매 방식으로 자리하면서 66.2%가 이를 통해 상품을 구매한 것으로 나타났다.

이처럼 이 긴 시간 동안 중국 모바일 유저들이 가장 많이 즐겨 사용하는 플랫폼은 바로 인스턴트 메시징 플랫폼이고 그다음으로 모바일을 기반으로 하는 쇼트 비디오 플랫폼 유저가 전체 네티즌의 88.3%인 8억 7,300만 명에 달한다고 한다. 이제 쇼트 비디오 플랫폼은 중국인들의 생활에 있어서 또 하나의 삶을 방식으로 실제의 생활에서 대세로 자리를 잡았다. 중국의 쇼트 비디오 플랫폼 시장은 코로나 사태 이후 비약적인 급성장을 거듭하고 있다.

중국의 쇼트 비디오 어플리케이션은 콰이쇼우(快手), 화산동영상(火山小视频), 메이파이(美拍), 먀오파이(秒拍), TikTok(틱톡, 抖音短视频) 등이 있다. 그중 가장 대표적인 쇼트 비디오 클립 플랫폼은 도우인(抖音)과 콰이쇼우(快手)로 중국의 짧은 동영상 서비스 시장을 양분하고 있다. 하루 평균 활성 이용자 수 기준, 도우인이 6억 명으로 최강자의 자리를 지키고 있고 그다음이 콰이쇼우로 3억 2천만 명에 달한다고 한다.

콰이쇼우(快手) & 도우인(抖音)

콰이쇼우와 도우인은 중국에서 쇼트 비디오 클립을 제공하는 양대 플랫폼으로서 같은 듯 다른 여러 가지 정책, 서비스 제공 등에서 차별성을 지니고 있다.

1. 콰이쇼우(快手)

2012년 쇼트 비디오 커뮤니티로 런칭을 시작하여, 2020년 중국에서 발표한 전 세계 유니콘 기업 순위에서 1,950억 위안의 가치로 8위로 등극했다.

2021년 2월 5일 쇼트 비디오 플랫폼으로는 처음으로 홍콩 증시 상장을 했다. 콰이쇼우는 이날 홍콩 증시에서 54억 달러 규모의 기업 공개(IPO)를 실시했다. 2019년 11월 알리바바 그룹의 130달러에 이어 사상 두 번째로 큰 기업 공개(IPO)가 되었다. 콰이쇼우의 평균 활성 이용자 수는 3억 명이 넘는 것으로 알려져 있다.

콰이쇼우 화면을 열면 첫 메인 페이지에 나오는 캐치프레이즈가 '拥抱每一种生活'로, 즉 '각기 다른 생활(삶)을 품는다'인데 바로 이 문구를 통해서 콰이쇼우의 방향성을 잘 이해할 수 있다.

2. 도우인(抖音)

2016년, 진르토우탸오(今日头条)사에서는 훠산샤오스핀(火山小视频)이라는 쇼트 클립 어플리케이션을 출시하였으며, 동년도 9월에는 다른 쇼트 클립 어플리케이션인 '더우인(抖音, 해외 버전은 '틱톡

(TIKTOK)')'을 출시하였다.

　더우인(抖音, Tiktok)은 영상에 배경음악을 더한 일명 '뮤직 쇼트 클립 앱'으로 2016년 9월 출시된 이후 단기간 만에 각종 앱 스토어에서 다운로드 1위로 껑충 뛰어오르며 돌풍을 일으키고 있다. 영상을 공유하고, 좋아요를 누르고, 팔로우하면서 새로운 친구도 사귈 수 있는 SNS 앱이기도 하다.

　도우인의 캐치프레이즈는 '看见美好生活', 즉 '아름다운 생활(삶)을 바라본다'로 아름다운 생활을 강조하고 있다. 콰이쇼우와는 대조적으로 차별된 다른 세계관을 보여 주고 있다.
　진르토우탸오샤(今日头条)는 2018년 4월부터 바이트 댄스(Bytedance, 字节跳动)로 사명을 변경하였다. 이 회사에서 처음으로 출시한 진르토우탸오라는 어플리케이션은 추천 엔진 어플리케이션(Search Engine)이라는 특성을 통해 타 어플리케이션과의 차별성을 강조하였으며, 이를 통해 시장 점유를 시도하였다. 이를 위해 이용자의 취향, 위치 등 정보를 통해 개개인별 다양한 내용의 영상을 추천하는 기능을 도입하였다. 이 결과 많은 이용자에게서 호평을 받았다.

- 콰이쇼우(快手) & 도우인(抖音) 비교

	콰이쇼우(快手)	도우인(抖音)
설립 연도	2012년	2016년
설립자	SuHua(宿华)	Zhang Yiming(张一鸣)
설립 회사	北京快手科技有限公司	Bytedance(字节跳动)
회사 캐치프레이즈	看见美好生活 '아름다운 생활(삶)을 바라본다'	拥抱每一种生活 '각기 다른 생활(삶)을 품는다'
이용 타깃	2~3선 도시 위주	1선 도시 위주

* 출처: Fung Business Intelligence Centre

Chapter 2.

중국 왕훙 경제(网红经济)

왕훙의 뜻은 네티즌 사이에서 어떤 사건이나 행위로 인해 인기 혹은 영향력이 있는 사람을 가리킨다. 왕훙(网红)은 중국어 '网络红人'의 줄임말로서 중국어에서 훙(红)은 핫하다, 잘나간다 등으로 해석되어진다. 그래서 인터넷상에서 잘나가는 사람, 핫한 사람 정도로 번역이 가능하며, 한국에서의 '인플루언서' 정도에 해당한다고 보면 되겠다.

현재 중국 전자 상거래 마케팅 시장에서 이 왕훙이 가진 잠재력과 파급력은 절대적이라고 할 만큼 그 영향력이 대단하여 왕훙 경제라는 새로운 경제 모델을 탄생시켰다.

최근 중국의 왕훙 시장 규모는 1,000억 위안(한화 약 18조 원) 정도이고 왕훙을 매니지먼트하는 MCN 회사가 약 15,000개를 넘어서고 중국 젊은이들 사이에서 가장 인기 있는 장래 희망 직종으로 자리매김하고 있다.

마케팅에 있어서 왕훙이 차지하는 비중이 절대적이라고 볼 수 있다. 현재 중국에서 엄청나게 많은 왕훙들이 배출되어 있고, 왕훙을 교육시키고 광고주나 생산자의 수요에 따라 왕훙을 공급하는 MCN 회사가 기하급수적으로 늘고 있는 실정이며, 가장 핫한 직업 중의 하나로 왕훙이 자리를 잡고 있는 것만 봐도 현재 비즈니스에 있어서 왕훙의 역할을 감히 짐작할 수 있다. 중국 비즈니스를 염두에 둔다면 왕홍에 대해 모르고는 중국 시장 진출이 어려울 정도이다. 왕홍을 이용한 마케팅은 현재 중국에서 가장 핫한 마케팅 전략으로 자리 잡고 있으며, 비즈니스의 중요한 수단이 되었다.

중국인터넷정보센터(CNNIC) 보고에 따르면 2020년 9월 기준 중국의 인터넷 사용자는 9억 4천만 명, 인터넷 보급률은 67.0%에 달한다. 코로나19 사태로 온라인 주문 배달, 온라인 교육, 온라인 차량 예약, 온라인 의료, 원격 사무 등과 관련된 것들은 발전 잠재력이 극히 높은 인터넷 애플리케이션으로 떠올랐다. 사용자 규모도 4억 900만 명, 3억 8,100만 명, 3억 4,000만 명, 2억 7,600만 명 및 1억 9,900만 명씩을 기록했다. 중국 전자 상거래 라이브 커머스 사용자가 3억 900만 명으로 상반기 가장 급성장한 개인 인터넷 애플리케이션이 되었고, 온라인 결제 규모 8억 500만 명으로 모바일 결제 시장이 3년 연속 세계 1위에 올랐다고 보고했다. 또한 온라인 판매 규모가 사회 소비품 판매액의 4분의 1을 초과해 소비 분야에서의 역할이 한층 강화되었고, 온라인 영상(쇼트 클립 포함) 사용자도 8억 8,800만 명으로 쇼트 클립이 뉴스 보도의 새로운 선택, 전자 상거래의 새로운 표준이 되었다고 지적했다.

* 출처: 중국인터넷정보센터(CNNIC)

중국 왕홍의 발전

1. 왕홍의 등장 배경

 인터넷의 보급과 급속한 기술의 발전에 따라 중국의 전자 상거래 시장은 급속도로 성장하면서 인터넷 전자 상거래와 소셜 네트워크가 활성화되었고 인터넷상에서 동영상이나 실시간 라이브 방송을 통한 콘텐츠를 공유하는 문화가 자연스럽게 생성되었다. 이러한 문화와 더불어 왕홍이 자연스럽게 등장을 하게 되는데 왕홍은 다양한 분야의 콘텐츠를 기반으로 팔로워를 모으고 그 팔로워를 기반으로 구독자에서 소비자를 전환시켜 왕홍 경제라는 새로운 비즈니스 마케팅 모델을 창출하게 되었다. 2015년 8월 27일 중국 온라인 쇼핑 사이트인 타오바오가 개최한 '왕홍 경제 미디어 세미나'에서 처음으로 '왕홍 경제'라는 개념의 용어가 등장했다. 왕홍 경제는 유명인사가 경제적으로 미치는 영향력에 대해 말하는 것이다.

2. 왕홍의 발전 과정

1) 왕홍 1.0 세대(1996~2003년): 문자
 인터넷 발전 초기 주로 문자 시대의 인터넷 스타로, 네티즌과 문자를 통한 교류 방식으로 상업적인 운영 방식보다는 전문적 내용이나 생활 정보 등을 교환하는 방식이었다.

2) 왕홍 2.0 세대(2003~2009년): 사진
 인터넷 기술이 발전함에 따라 사진 전송이 가능하게 되면서 자연스럽게 사진의 공유를 통한 네티즌 간의 교류가 활발하게 이루어진 시기이다. 이 시기 역시 상업적인 활용은 미미한 수준에 머물렀다.

3) 왕홍 3.0 세대(2009~2013년): 문자 + 사진

2009년 이후 스마트 모바일이 보급되기 시작하면서 모바일과 컴퓨터를 이용하여 사진과 문자를 동시에 사용하게 되는 시기로서 중국에서는 웨이보, 위챗 등이 활성화되는 시기이다. 진정한 왕홍이 출현되기 시작하는 시기라고 할 수 있다.

4) 왕홍 4.0 세대(2013~2015년): 동영상 커머스

2013년 이후 스마트 모바일이 급속하게 보급되고 4G 네트워크로 빠른 동영상의 전송이 가능해지면서 기존의 문자, 사진과 함께 동영상을 이용할 수 있는 많은 플랫폼이 시장에 등장을 하게 되었다. 빠른 동영상 클립 업로드가 가능해지면서 왕홍들이 자신의 SNS 등을 통해 확보한 많은 팔로워를 이용하는 상업적 동영상 마케팅이 전면에 부상을 하게 된다. 왕홍들은 기업의 혁신적인 제품과 소비자들은 연결해 주는 하나의 매개체로서 역할을 하면서 제품의 홍보 및 판매에 중요한 교두보가 되어 거대한 상업적 가치를 창출하고 있다.

5) 왕홍 5.0 세대(2015~현재): 라이브 커머스

2015년 이후 왕홍 마케팅은 하나의 경제 현상으로 자리매김하였다. 모바일에서 왕홍들이 직접 라이브를 통해서 판매에 나서면서 왕홍 천하를 이루고 있다. 중국의 슈퍼 왕홍이 출현하고 그 범위 역시 광범위해지고 기업체뿐만 아니라 일반인들도 왕홍 대열에 참가하는 그야말로 중국 마케팅에 있어서 필수 불가결한 요소로 자리를 잡았다.

3. 왕홍의 종류

왕홍을 분류하는 방법은 보는 사람에 따라 차이가 있을 수 있지만 대략적으로 주제에 따라, 주체에 따라, 사용하는 플랫폼에 따라 세 가지 정도로 크게 분류를 할 수 있다.

1) 주제에 따라

- 커뮤니티 왕홍: 소통을 목적으로 팔로워들과 교류하면서 여러 가지 정보를 공유하는 왕홍
- 콘텐츠 왕홍: 일정한 콘텐츠를 가지고 공유하는 왕홍
- 이커머스 왕홍: 전자 상거래 행위를 하는 왕홍

2) 주체에 따라

- 판매 왕홍: 광고주나 제품 판매자의 요청에 따라 판매만을 전문적으로 하는 왕홍

[참고] 판매 왕홍의 종류
① 광고주의 요청에 따라 동영상, 이미지 + 텍스트, 라이브 등을 통한 판매
② 제품의 판매자가 직접 판매를 위해서 각종 콘텐츠를 통해 판매(현재 농촌 마을 등에서 직접 농산물을 판매하는 방식 등이 인기를 끌고 있다)

- 전문가 집단 왕홍: 직능별, 직종별 전문가들 혹은 교사, 교수 등이 여러 가지 전문적인 콘텐츠를 가지고 전문 지식 등을 제공하는 왕홍
- 기업가 내지 오너 왕홍: 기업의 CEO 및 오너 등이 자신의 기업 홍보 및 직접 자사 물품의 판매에 참가하는 왕홍으로 현재 중국의

유명 기업에서 많이 활용하고 있는 마케팅이다.
- 연예인이나 유명인 왕홍: 연예인이나 유명인들이 많은 팔로워를 확보하여 팬들과 소통하고 교류하는 왕홍이다. 중국에서는 달인 왕홍(达人网红)이라고 한다.

3) 사용하는 플랫폼에 따라
- 전자 상거래 플랫폼: 타오바오, 징동, 수닝 등
- 쇼트 클립 스트리밍 동영상: 도우인, 콰이소우
- 롱 클립 스트리밍 동영상: 비리비리
- 블로그 콘텐츠 제작: 웨이보

* 출처: Fung Business Intelligence Centre

4. 중국 왕홍 현황

1) 왕홍 방송 센터가 활성화되고 있다

(网红直播基地, 网红浮华基地)

물건 판매가 가능한 카메라, 마이크 등이 완비된 전문적인 스튜디오가 마련되어 있다. 여기에서는 창고, 샘플실, 제품들도 함께 진열이 되어 있어서 여기에서 직접 생방송을 통해 물건 판매 및 유통이 가능하도록 해 놓았다. 또한 판매 방법 등 왕홍에 대한 양성 교육도 같이 이루어지고 있어서 왕홍에 대한 종합 시설이라고 볼 수 있다.

2) 일반인(중, 하급) 왕홍이 많이 배양되고 있다

한국에서는 유튜브가 가장 인기 있는 직업 중 하나로 자리매김을 하고 있는데 중국에서는 왕홍이 현재 젊은이들 사이에서 가장 유망한 직업 중의 하나로 자리를 잡으면서 일반인들이 판매 왕홍에 도전을 하고 있다.

3) 왕홍에게 물품을 매칭하는 왕홍 전문 공급상(供应链)이 활성화되어 있다

왕홍들은 같은 물건은 3일 이상 판매하지 않는다. 보통 한 번 라이브 방송 시 2시간, 4시간 방송을 하는데 2시간 라이브 방송의 경우 대략 20여 가지의 물품을 소개한다. 그래서 전문적으로 왕홍에게 판매 물품을 업데이트할 수 있도록 하는 공급상이 활성화되어 있다.

4) 노점상이 활성화되면서 무엇을 팔아야 하는지, 어떻게 노점상을 해야 하는지 등의 강의 콘텐츠가 활성화되고 있다(地毯经济)

코로나로 소상공인의 경제가 악화되면서 노점상이 활성화되고 있는데 여기에 따라 노점상들이 돈을 벌 수 있도록 하는 여러 가지 방법에 대한 강의 콘텐츠가 활성화되고 있다. 그래서 노점상에서 잘 팔릴 수 있는 아이템 및 콘텐츠를 주목해야 한다. (중국에 있는 한국 유학생 및 현지 생활하는 한국인들은 특히 주목해야 한다.)

5) 왕홍에 대한 규제 및 관리가 강화되고 있다

현재 왕홍을 이용한 디지털 마케팅 시장은 5G 시대와 맞물려 급성장을 이루고 있지만, 그에 따른 부작용 역시 만만치 않다. 왕홍을 통한 허위 제품 판매, 과장 광고, 허위 정보 등 많은 문제점이 발생하고 있다. 이에 따라 '온라인 거래에 대한 감독·관리에 관한 조치', '온라인 생중계 마케팅 관리에 관한 조치(시범)'등의 법령을 잇따라 공포·시행하고 있다. 온라인 거래 감독 범위를 명확히 설정하면서 산업 시장 질서는 더욱 규제될 전망이다.

Chapter 3.
중국 국가급 3대 경제 특구

[중국의 3대 메가경제권]

(출처: 산업연구원 연구보고서 2020-03)

주강 삼각주 경제권(웨강아오 대완구 경제권)

- 웨강아오 대만구 (粤港澳大湾区, Guangdong-Hong Kong-Macao Greater Bay Area)

중문명	粤港澳大湾区	면적	5.6km²
영문명	Guangdong-Hong Kong-Macao Greater Bay Area	전체 GDP	10.867억 인민폐(2018)
지역	중국 화남 지역	상주인구	6,956.93만 명(2017)
기후	아열대 계절풍	1인당 GDP	156,203 인민폐(2018)
사용 언어	월방언(粤方言), 객가방언(客家方言), 민방언(闽方言)	지역 범위	광동성 9개 도시, 홍콩, 마카오
중요 대학	홍콩대학, 홍콩과기대학, 홍콩중문대학, 중산대학, 화남이공대학, 기남대학, 화남사범대학, 심천대학 등	국제공항	홍콩공항(香港国际机场), 광저우바이윈공항(广州白云国际机场), 선전바오안공항(深圳宝安国际机场)

* 출처: 바이두 백과사전

광둥을 뜻하는 웨(粤), 홍콩을 뜻하는 강(港), 마카오를 뜻하는 아오(澳)를 합쳐 웨강아오(粤港澳)라고 부르며 이 지역을 중심으로 큰 만(大湾)을 형성하고 있어 웨강아오 대만구로 불린다. 주강 삼각주는 중국 대륙의 가장 동남쪽에 위치하고 있으며 주강은 서강, 북강, 동강의 수계가 합류하는 지역으로 남중국해와 맞닿아 있으며 중국의 대표적인 해상 무역으로 해상 실크로드의 출발점이다. 중국 개혁 개방 정책과 함께 성장한 경제 성장의 1번지라고 할 수 있다.

광동성의 9개 주요 도시(광저우, 선전, 동관, 후이저우, 주하이, 포산, 중산, 장먼, 자오칭)와 홍콩 그리고 마카오를 연결하는 메가 경제권이라고 할 수 있다.

상주인구는 2018년 통계 기준 약 7천만 명, GDP 1조 5천억 달러의 메가 경제권역이라고 할 수 있으며 인구 밀도 면에서 중국 최고의 지역 중 하나로 중국 남부 경제와 금융의 중심지이다.

홍콩은 물론 홍콩의 배후 도시에서 일선 도시로 재탄생한 선전은 물론 해상 진출 기지인 광저우와 인근 지역이 거점 역할을 수행하고 있으며, 산업 구조의 변화 측면에서 가장 역동적인 지역으로도 구분된다.

장강 삼각주 경제권

- 푸동 경제권(Yangtze River Delta)

중문명	长江三角洲地区	면적	358,000km²
영문명	Yangtze River Delta	전체GDP	237,200억 인민폐(2019)
지역	화동 지역 장강 중하류	상주인구 (만 명)	1억 6,685만 명(2020)
기후	아열대 계절풍	1인당 GDP	2.27억 인민폐(2019)
사용 언어	중원관화(中原官话), 교료관화(胶辽官话), 강회관화(江淮官话), 오화(吴语), 감어(赣语), 민어(闽语), 객가어(客语等)	지역 범위	상해, 강소성, 절강성, 안휘성(3성 1시)
중요 대학	복단대학, 상해교통대학, 절강대학, 난징대학, 중국과학기술대학 등	국제공항	상하이 푸동공항(上海浦东国际机场), 난징루코우공항(南京禄口国际机场), 항저우샤오산(杭州萧山国际机场), 허페이신챠오(合肥新桥国际机场)

장강 삼각주 지역은 3개의 성(안후이성, 저장성, 장쑤성)과 1개의 시(상해)를 잇는 경제권역으로 중국의 지역에 위치하고 있다. 장강 삼각주는 징진지, 웨강아오 대만구와 함께 중국의 3대 초광역권 중 하나지만 실질적으로는 중국경제의 심장이라 할 수 있다. 인구 규모와 경제 규모, 산업 분포 등을 고려하면 실질적으로 그 규모가 가장 크고 수준이 높은 지역이다. 공간 범위로 보면, 상하이시, 장쑤성의 9개 도시, 저장성의 8개 도시, 안후이성의 8개 도시로 구성되어 있다.

이 지역은 강, 호수, 바다 등이 서로 통하는 교통의 요지로서 수자원이 풍부하고 내륙의 중심 도시인 충칭, 우한과 연계되어 태평양으로 나가는 관문 역할을 하는 중요한 지역이다. 농업과 공업, 상업, 무역, 금융이 발전되어 있어 중국의 경제 수도라고 할 수 있다. 또한 여러 우수 대학들이 포진하고 있어 현대 과학 기술과 우수한 인적 자원이 풍부하다는 장점도 가지고 있다. 중국 빅테크 산업의 선두 마차인 알리바바도 이곳 장강 삼각주 지역의 항저우에 위치하고 있다.

장강 삼각주는 지역별로 다양하고 고도화된 산업의 집적지로서, 상하이는 철강, 항공 우주, 자동차 및 첨단 장비 제조, 서비스업과 금융, 장쑤성은 자동차를 비롯한 장비 제조 및 전통 제조업과 의류 방직 등 제조업, 저장성은 ICT를 비롯한 전자 정보 통신 관련 산업이, 그리고 안후이성은 전통 제조업과 농림업이 발달하였다.

징진지 경제권

- 징진지 경제권
(京津冀, Beijing-Tianjin-Hebei Urban Agglomeration)

중문명	京津冀	면적	218,000km²
영문명	Beijing-Tianjin-Hebei Urban Agglomeration	GDP	84,580억 인민폐(2019)
지역	화북 지역	상주인구	1.127억 명(2018)
기후	온열대 대륙성 계절풍	개인 GDP	2.27억 인민폐(2019)
사용 언어	북경관화(北京官话), 기로관화(冀鲁官话), 동북관화(东北官话), 진어(晋语) 등	지역 범위	베이징, 톈진, 허베이의 11개 도시를 포함한 13개 도시
중요 대학	칭화대학, 베이징대학 등 40여 개 대학	국제공항	베이징쇼두(北京首都国际机场), 베이징다씽(北京大兴国际机场), 톈진빈하이(天津滨海国际机场), 쓰좌좡정딩(石家庄正定国际机场)

징진지(京津冀)는 중국의 수도권 지역을 포함하고 있는 경제권역을 지칭하는데 중국 동부 연안의 북부 지역인 발해만에 위치한 경제권 핵심 지역으로 발해만 경제권이라고도 부른다.

'징진지'라는 말은 베이징과 톈진, 허베이성을 각각 상징하는 글자를 조합한 말이다. '징(京)'은 베이징, '진'은 톈진(津), '지(冀)'는 허베이성 지역의 옛 이름 '지저우(冀州)'에 연원을 두고 있다. 징진지 세 지역을 합치면 면적이 21만 8,000km²로 남북한을 합친 한반도 면적(21만 9,000km²)과 비슷하며 인구는 1억 1,000만 명이 넘는 메가톤급 경제권역이라고 할 수 있다. 이 지역은 한국과 위치적으로 가장 가까이 있을 뿐만 아니라 경제적으로도 밀접한 관계에 놓여 있다. 중국의 수도권인 징진지(京津冀, 베이징·톈진·허베이) 지역은 2015년부터 중국 중앙 정부 주도로 세 지역 간 균형 발전과 베이징의 수도 기능을 최적화하기 위한 징진지 협동 발전 전략을 추진 중에 있다. 특히 새롭게 부상하고 있는 중국의 국가급 특구 허베이(河北) '슝안신구(雄安新区)' 지역을 눈여겨볼 필요가 있다.

슝안신구는 중국 공산당 중앙위원회와 국무원이 2017년 4월 1일 공식비준으로 설립된 국가급 신구로서 슝안신구는 수도 베이징에서 남서쪽으로 160km에 위치하며 규획 범위에는 허베이성 슝셴(雄县), 룽청(容城), 안신(安新) 3개 현 및 주변 부분 지역이 포함되며 베이징, 톈진, 바오딩(保定) 등 세 지역의 중심에 위치하고 있다. 상하이 푸둥신구(上海浦东新区) 지정 후 25년 만에 새롭게 지정되는 국가급 특구로 녹색 친환경, 생태, 혁신적 스마트 시티를 지향하며 향후 20년 동안 인프라 투자에만 최대 4조 위안이 투입되는 메가톤급 국가 프로젝트이다.

슝안신구의 총 개발 면적은 2,000km²로 서울의 3.3배에 이른다. 2030년까지 기본 인프라를 통한 핵심 도시 건설을 위하여 친환경의 녹색 스마트 시티, 첨단 산업 기술을 기반으로 하는 현대화된 신도시, 대외 협력의 혁신적인 새로운 중국판 실리콘 밸리의 조성을 위하여 슝안신구 건설을 추진하고 있다.

장강 삼각주, 주강 삼각주, 징진지 지역 경제 현황 비교

구분	장강 삼각주 지역	웨강아오 대만구	징진지 지역
상주인구(백만 명)	227.14	115.21	113.08
지역 내 총생산(십억 위안)	23,725	10,767	8,457
일인당 지역 내 총생산(위안)	104,451	94,172	74,788

* 출처: 경제·인문사회연구회 협동연구 총서, 20-92-01
산업연구원 연구보고서, 2020-03
* 참고: 김종욱, 《중국 비즈니스 협상 A to Z》

Chapter 4.

중국 전기차 산업 현황

중국은 전기차를 신에너지차를 뜻하는 '新能源汽車' 혹은 전동차 '电动车'로 부른다.

2021년 현재, 중국에는 100개가 넘는 전기차 업체들이 등록되어 치열하게 생존 경쟁을 펼치고 있다. 중국 승용차협회(CPCA)의 발표에 따르면 중국은 2021년, 신에너지차(NEV) 생산, 판매량이 모두 350만 대를 넘기며 전년 대비 158%로 급성장했다. 또한 신에너지차(NEV) 수출은 전년 대비 3배 증가한 31만 대에 달했다.

중국 승용차 연합회에 따르면 가격 하락과 새로운 모델 출시에 따라 그 수요는 점차 늘어나, 2022년 중국의 신에너지차 판매 비중은 22% 대로 그 증가세가 계속 이어질 것으로 전망되고 있다. 향후 2025년 600만 대가 판매될 것으로 예측되면서 그 성장세가 가장 클 것으로 전망되는 시장이다.

C次元 자료에 따르면 2021년 판매량이 가장 많은 회사로 비야디(BYD)가 598,528대가 팔렸으며, 다음으로 테슬라, 상치자동차회사(上汽通用五菱汽车股份有限公司)에서 생산한 홍광미니(红光MINI)의 순이었다.

주요 구매 고객은 35세 이하의 연령층이 50% 이상을 차지하고 있으며 여성의 비율이 점점 높아지고 있다. 상대적으로 젊은 연령층에서 전기차를 선호하고 있는 것으로 보인다.

- 2021년도 전기차 판매 현황

순위	차량	2021년도 판매량(대)	전년 대비 성장률(%)
1	비야디(比亚迪)	598,528	227
2	테슬라(特斯拉)	484,130	252
3	상치통용우링(上汽通用五菱)	452,270	173
4	상치청용처(上汽乘用车)	162,126	111
5	창청치처(长城汽车)	135,028	140
6	광치아이안(广汽埃安)	120,155	100
7	취뤼(奇瑞汽车)	98,172	125
8	샤오펑(小鹏汽车)	98,155	275
9	웨이라이(蔚来汽车)	91,429	109
10	리샹(理想汽车)	90,491	177

* 출처: 乘联会批发, 厂商数据
* 출처: https://baijiahao.baidu.com/s?id=1721737174736635455

중국의 전기차 브랜드는 크게 세 가지로 구분할 수 있다.

첫 번째: 테슬라, 니오, 리샹, 샤오펑 등과 같은 순수 전기차 메이커 기업

두 번째: 비야디(BYD), 폭스바겐, 토요타, 현대차, 창안자동차, 지리자동차 등과 같은 전통적 완성차 기업

세 번째: 바이두, 화웨이, 샤오미 등과 같은 중국 IT 기업이 전기차 시장으로 진출한 기업

2020년 현재 전통적 완성차 기업들이 76%의 점유율을 확보하고 있고 순수 전기차 메이커 기업들이 약 24%의 점유율을 차지하고 있다.

- 중국 신흥 3대 전기차 전문 브랜드 비교

한글명	웨이라이	리쌍	샤오펑
중문명	蔚来	理想	小鹏
영문명	니오: NIO	리 오토: Li Auto	샤오펑: Xpeng
창립자	리빈(李斌)	리샹(李想)	허샤오펑(何小鹏)
창립일	2014	2015	2014
본사 위치	상하이	베이징	광저우
주요 투자자	텐센트, 레노버, 바이두 등	메이투안, 바이트댄스 등	알리바바, 샤오미 등
직원 수 (2021년)	약 15,204명	약 11,901명	약 7,923명
거래소	뉴욕 거래소	나스닥	뉴욕 거래소
상장일	2018.08.12.	2020.07.30.	2020.08.27.

* 출처: 金融界, https://baijiahao.baidu.com/s?id=17263261877902286 21

중국 정부는 '신에너지 차량 산업 발전 규획 2021~2035(新能源汽车产业发展规划 2021~2035)'를 발표하면서 2025년까지 신차 소매 판매량에서 신에너지 차량이 차지하는 비중이 20%, 2035년까지 순수 전기 자동차가 신차 판매의 주류가 되는 것을 목표로 제시했다.

중앙 정부뿐만 아니라 각 지방 정부도 신에너지 차량 보급의 확산을 위해 다양한 지원 정책 및 목표를 밝히고 있다. 또한 중국 국가발전개혁위원회 등 10개 부처가 최근 '전기차 충전 인프라 서비스 보장 능력 강화에 관한 시행 의견'을 발표하면서 2025년까지 2천만 대 이상의 전기차 충전 수요를 만족시키겠다는 목표를 설정했다. 충전 인프라 공급 불균형 문제를 해결하고 새로운 전력 시스템을 구축해 '2030년 탄소 절정, 2060년 탄소 중립' 목표를 실현하자는 것이 의견의 골자다.

앞으로 중국의 전기차 시장은 국가의 각종 지원에 힘입어 지속적 성장을 가져올 것으로 전망되고 있다.

* 출처: 신화망

Chapter 5.
인생 역전을 위한 3대 중요 시험

중국에서 진학을 위해서, 취업을 위해서, 꿈을 실현시키기 위해서, 인생 역전을 위한 3대 시험은 우리나라의 대입 수능에 해당하는 가오카오(高考), 대학원 입시 시험인 옌카오(研考), 공무원 시험(国考)인 궈카오로 볼 수 있다.

가오카오(高考)는 중국의 중앙 정부가 시행하는 대학 입학시험을 말한다. 정식 명칭은 '普通高等学校招生全国统一考(The National College Entrance Examination)'이다. 우리나라의 '대학수학능력시험'이라 할 수 있다. 1952년에 시작되었으며, 문화 대혁명 기간(1966~1976) 잠시 중단되었다가 1977년에 재개되었다.

1994년 '사회주의 시장 경제'가 본격화되고, 대학 교육의 유료화 및 사립 대학이 생겨나기 시작하면서 가오카오 응시생이 폭증했다.

2021년 6월 치러진 중국의 대입 시험 가오카오(高考) 응시자는 1천 78만 명으로 역대 최대 인원수를 기록했다.

중국의 가오카오와 우리나라 수능의 차이점은 6월에 이틀간 시험이 치러지며, 지역별로 문제가 다르고, 수시가 없이 오직 가오카오로만 대학에 진학하는 차이가 있다. 2022년 가오카오는 6월 7일과 8일 양일간 개최될 예정이다.

2021년 12월 25일 2022년 전국 대학원 입학시험이 막을 올렸다. 중국 교육부, 인사부 자료에 따르면 이번 대학원 시험 응시자 수는 작년 대비 85만 명이 증가한 462만 명으로 사상 최대였다고 한다.

2017년도 시험에 200만 명을 돌파한 대학원생 응시자는 2020년도에는 300만 명을 넘어섰고, 이번에 400만 명도 훌쩍 뛰어넘었다.

2015년 이후 7년 동안 응시자 연평균 증가율은 15.8%에 달했다.

해마다 대학원 진학 희망자들이 대거 몰리는 이유는 최근 중국에서 고급 인력 수요가 늘고 있기 때문이다.

코로나19 확산으로 해외 유학이 여의치 않게 되면서 국내 대학원 진학으로 방향을 튼 대학생들이 늘어난 것도 원인으로 꼽힌다.

역설적으로 대학생들의 취업난이 갈수록 심화하고 있다는 걸 보여주는 방증이라는 분석도 있다.

취업이 안 되니 '스펙'을 쌓기 위해 경쟁적으로 대학원 진학을 선택한다는 것이다.

2022년은 대학원 진학을 꿈꾸는 학생들에게 유례없이 치열한 전투가 시작되는 역사상 가장 어려운 대학원 진학의 해가 될 것으로 보인다.

또한 2022년은 중국 대학 졸업생이 사상 처음 1천만 명을 넘어서면서 취업난이 가중될 것이라는 전망이 나왔다.

1. 가오카오(高考): 대학 입학을 위한 수능 시험

- 일반대학입학 전국통일시험(普通高等学校招生全国统一考试): 중국판 대학 입학시험
- 응시 시간: 매해 6월 7~8일
- 응시 대상: 고등학교 졸업생 또는 동등 학력 시험생
- 응시 목적: 대학 입학을 위한 전국 통일 시험. 응시 학생은 본인의 성적에 의해 지원 학교와 전공을 선택한 다음에, 해당 학교는 지원 학생 성적 순위에 의해 채용한다.
- 시험 과목: 국어, 수학, 외국어(영어, 일본어, 러시아어, 프랑스어, 독일어, 스페인어 중에서 선택 가능), 문과 종합(정치, 역사, 지리), 이과 종합(물리, 화학, 생물)

1) 시험 실시 방안

이공·농업·의학(체육 포함), 문과·역사(외국어, 예술 포함) 등 크게 두 가지 수학 방향으로 구분된다. 교육부에서 출제하는 전국 통일 시험 문제지, 각 성(省) 교육 부서에서 출제하는 성급 통일 시험 문제지 등으로 나뉜다.

- '3 + X': 대부분 성시구(省市区)

3 = 국어·수학·외국어, X = 문과 종합이나 이과 종합 수험생은 본인의 의향에 따라 X를 선택한다. 해당 방안은 2019년 기준 중국 전국에서 가장 널리 사용되는 성숙한 입시 방안이다.
총점(750점) = 3(국어 150점 + 수학 150점 + 외국어 150점) + X(문과 종합/이과 종합 300점)

- '3 + 3': 상하이시(上海), 저장성(浙江), 베이징시(北京), 산동성(山东), 천진시(天津), 하이난성(海南) 등 6개 지역
  3(필수 과목) = 국어·수학·외국어 + 3(선택 과목) = 정치, 역사, 지리, 물리, 화학, 생물 6개 중에 3개를 선택한다.
  필수 과목 3개는 원시 점수로 계산하고, 선택 과목 3개는 등급에 의해 환산하여 계산한다. 총 6가지 과목 점수를 합산하여 총점으로 구성된다.

  * 상하이시 영어 시험은 1년에 두 번씩 치른다. 최고 점수를 채택한다.
  * 저장성 선택 과목은 앞서 말한 6가지에 기술을 더해 3개를 선택한다.

- '3 + 1 + 2': 허베이성(河北), 랴오닝성(辽宁), 지앙쑤성(江苏), 푸젠성(福建), 후베이성(湖北), 후난성(湖南), 광동성(广东), 충칭시(重庆) 등 8개 지역
  3(필수 과목) = 국어·수학·외국어 + 1(이과/문과 필수 과목) = 역사나 물리 + 2(선택 과목) = 정치, 지리, 화학, 생물 4개 중에 2개를 선택한다.
  필수 과목 3개와 이·문과 필수 과목 1개는 원시 점수로 계산하고, 선택 과목 2개는 등급에 의해 환산하여 계산한다. 총 6가지 과목 점수를 합산하여 총점으로 구성된다.

2) 대학 채용 방식
- 수시

　수시 조건에 부합하는 우수생은 대학 입시를 면제하여 추천으로 대학에 입학시키게 된다.

- 입시 지원 제출 및 채용

　중국 교육부는 개인별 가오카오 점수에 따라 지원할 수 있는 대학을 본과 1차(一本), 본과 2차(二本), 전문대(专科) 3단계로 구분해 놓았다. 시험생은 온라인으로 단계별로 지원서를 제출한 다음에, 학교에서 지원생 순위에 따라 채용한다.

2. 옌카오(研考): 대학원생 시험

- 응시 시간: 1차 통일 시험은 매해 12월 하순, 2차 학교별 시험은 이듬해 3~4월
- 응시 대상: 대학 본과 학력 혹은 동등 학력 졸업생, 석사 학력 시험생은 석사 시험 응시 가능. 석사 학력 혹은 동등 학력 졸업생, 박사 학력 시험생은 박사 시험 응시 가능
- 응시 목적: 중국 교육부 및 대학원에서 대학원생 선발을 위해 치른 시험
- 시험 과목: 공공 과목 2개(정치, 외국어) + 기초 과목 1개 + 전공 과목 1개

* 지원 전공에 따라 시험 과목이 다르다. 공공 과목 시험 문제는 전국 통일, 전공 과목 시험 문제는 지원 학교에서 출제한다.

1) 시험 실시 방안
　학위 유형으로 학술형·전문형, 연수 방식으로 전일제(全日制, 평일에 학교에서 공부함)·비전일제(非全日制, 직장을 보유하면서 유연성 있는 방식으로 공부함)가 있다.

2) 대학원 채용 방식
- 석사
　추천: 우수 대학 학부 졸업생이 대학교의 추천을 통해 미리 지원 대학원 선발 시험에 응시한다. 시험 통과 후 통일 시험 참가할 필요 없이 미리 채용된다.

　통일 시험: 시험생은 하나의 학교, 하나의 전공만 지원 가능하다. 1차 시험 점수와 순위에 의해 2차 시험 자격을 받는다. 1~2차 시험 점수를 일정한 비례에 따라 총점을 계산하여 순위에 따라 채용된다. 채용 인원수는 매년 변경 가능하니 대학원 학생 모집 계획을 기준으로 참고한다.

- 박사
　석사에서 박사까지 진학: 석사 추천 자격을 받아 채용되는 우수 학부 졸업생이 박사까지 진학한다.

　신청-심사 제도: 시험생이 신청 자료를 제출해서 신청한 후, 대학원에서 심사하고 채점 후 2차 시험 참가자를 뽑는다.

　석박사 통합: 신청 자격에 부합하는 재학 석사생이 같은 대학원의 박

사를 신청 가능하다.

통일 시험: 전국 통일 시험을 통해 신청한다.

3. 궈카오(国考): 공무원 시험

- 응시 시간: 국가 공무원 시험은 매년 10~11월, 지방 공무원 시험은 각각 다르다.
- 응시 대상: 응시 자격에 부합하는 시험생
- 응시 목적: 신규 공무원을 채용한다.
- 시험 과목: 필기시험과 면접시험을 거치고 성적 순위에 의해 채용한다. 필기시험은 '행정직업능력고사' 및 '논술고사'를 위주로 한다. 개별 직종은 다른 과목을 시험에 추가 가능하다.

1) 시험 실시 방안
주로 중앙과 지방으로 나뉜다.
- 국가 공무원 시험
중앙, 국가 기관 및 중앙 국가 행정 기관 소속 기관 등에서 근무하는 공문원을 선발하는 국가 통일 시험
- 지방 공무원 시험
지방 각층 당, 정치 기관 등에서 근무하는 공무원을 선발하는 지방 통일 시험. 성 간 연합 시험(多省联考, 몇몇 성이 동시에 치른 통일 시험), 성급 시험(省考), 시급 시험(市考) 등이 있다.

참고 자료

中国国家统计局, http://www.stats.gov.cn

中国青年报, http://zqb.cyol.com

中国日报网, http://cn.chinadaily.com.cn

中国互联网络信息中心(CNNIC), http://www.cnnic.net.cn

艾瑞网, http://report.iresearch.cn

艾媒网-全球领先的新经济行业数据分析报告发布平台, https://www.iimedia.cn

199it, http://www.199it.com

中商情报网-产业情报产业地图产业知识库, https://www.askci.com

前瞻网 - 发现趋势 预见未来, https://www.qianzhan.com

CBNData-第一财经商业数据中心, https://www.cbndata.com/home

速途网-中国互联网行业社交媒体, http://research.sootoo.com

中国社会科学, http://sscp.cssn.cn

时代数据, http://datagoo.com/datanews?page=3

CBN Data(第一财经商业数据中心), https://www.cbndata.com

百度, https://www.baidu.com

欧睿咨询, https://www.euromonitor.com